税理士、公認会計士、中小企業診断士、弁護士、
金融機関など認定支援機関の役割とスキルとは

～中小企業の改善・再生・成長支援を担う

認定支援機関が
日本を救う！

経営コンサルタント・中小企
経営革新等支援機関

中村 中

ビジネス教育出版社

はじめに

　日本の中小企業は、今、分かれ道にあるかもしれません。企業として
の生産性を高めることになるのか、従来のやり方を続けるのかで、未来
の姿が決定されてしまいます。バブル崩壊後、自社の不良債権問題を乗
り越えて、財務内容を改善するべく、前向きに努力してきたのに、収益
は上がらず、自社の企業生産性は低迷し、従業員の給料も横這いになっ
ています。バランスシートが改善されているのに、分岐点の向こうには
明るい将来は見えてきません。損益計算書で利益を上げたいと思いなが
ら、その見通しが立ちません。

　中小企業においては、外部の環境をじっくり見つめながら、業績アッ
プのための目標を目指すのは、経営者しかいないかもしれませんが、そ
の経営者は、近年の激しい経営環境の変化をバランスよく生き抜く方法
に、自信を失い迷いを持っているようです。営業部長や営業課長は、取
引先や仕入先に目が向いて、その先にあるステークホルダー（利害関係
者）や外部連携者などは見過ごしているのかなと思いますし、総務部門
や財務部門も決算期の成績に縛られてしまい、長期計画までは見えてい
ないようにも思います。世間では、改善・改革の言葉が飛び交い、新し
い発想で、現状を乗り越えようと言っていますが、中小企業の誰もが、
自社に合った結論が出ていないようです。

　経営者には、改善と改革のDX、SX、GXという３つのトランスフォー
メーションの要請がありますが、どうも自分のことには思えないように
感じています。DX（デジタルトランスフォーメーション）は、デジタル
化で業務の効率化を乗り越えて、内部部署間の連携やステークホルダー
間の連携で、競争力を付けようと言っており、SX（サステナブル・トラ
ンスフォーメーション）で長期的に持続可能な経営体質を構築しようと
勧められ、GX（グリーン・トランスフォーメーション）で広くステーク
ホルダー等や地域の環境の良化に貢献しようと背中を押されますが、こ

3

の意識改革すら、なかなか見えてきません。早急な検討や導入が、成長を求める中小企業には、喫緊の課題になっていますが、具体的な対策が見えてきません。

　しかし、中小企業には、地元に知性や知力を持った資格者がいます。経営者として困ったときに相談するのは、弁護士であり、税理士、公認会計士、中小企業診断士などです。実際、これらの先生方には、法律問題、税務問題、財務会計問題、販売組織問題などの本業についての相談をしますが、その専門分野の話はそこそこに、地域や人間関係、家族問題など、社員や同業者、友人などに聞くことができない問題を、『ここだけの話ですが、実は、……』と切り出しながら、経営者は前のめりで相談した経験があると思います。これらの先生方も、先の予約を調整しながら、その相談に没頭することもあったものと思います。この関係を制度に組み込んだのが、認定支援機関（認定経営革新等支援機関）です。
　ところで、2009年に返済猶予を認めた金融円滑化法が施行されました。2008年に起こったリーマンショックで多くの中小企業が民間の金融機関の借入れの返済を延ばしました。しかし、数年後には、返済を付けてもらわなければならないということで、中小企業に経営改善計画を策定して、キャッシュフローを明確にし、返済をスタートしてもらうことになりました。とはいうものの、中小企業の経営者に、経営改善計画でキャッシュフローを算出することは、あまりにも専門的過ぎるのではないかということで、認定支援機関を法律で制度化することになりました。そこで、この返済猶予の問題は早急に解決しなければならないということで、地域の賢人に依頼することになり、弁護士、税理士、公認会計士、中小企業診断士などの既存の資格者に、2014年に中小企業経営力強化支援法で認定支援機関という資格を重ねて認め、経営者が経営改善計画でキャッシュフローを策定する支援などをお願いするようになりました。その認定支援機関は現在では４万者になっており、経営者が信頼して相

談する地元の賢人が、全国に存在するようになっています。

　実際、認定支援機関の弁護士さんに契約書の内容を吟味してもらったり、取引先とのトラブルを解決しもらうことばかりではなく、経営者は、日ごろの経営に関する種々の計画や運営、フォローなどについても相談するようになっています。また、認定支援機関の税理士さんに正しい納税法や仕分け法を、また、認定支援機関の公認会計士の先生には監査などの方法などに加えて、経営の相談もしています。そして、認定支援機関の中小企業診断士の先生にも在庫管理法や売上アップ法の助言をもらうばかりではなく、経営者の目線での広く長期的な視点の経営助言を求めることになります。それぞれの弁護士・公認会計士・税理士・中小企業診断士などの専門的なテーマの処理ではなく、経営者が企業の盛衰を賭けて考える経営案件や、日常の細かな案件についてまで、一緒に考えるようになっています。顧問先の経営について考えてきた弁護士・公認会計士・税理士・中小企業診断士などの認定支援機関の皆さんには、さらに、情報や知識を高めてもらい、中小企業の成長や生産性の向上、働き方改革などの新しい案件についても、アドバイスやコンサルをお願いしなければならないことになっています。

　とは言うものの、認定支援機関は地元の弁護士・公認会計士・税理士・中小企業診断士ばかりではなく、金融機関や商工会・商工会議所のメンバーも経済産業大臣から資格を認められています。金融機関や商工会・商工会議所も、経営助言や相談を本業にしている部門を持っていますので、地元に親しい弁護士などがいない場合は、アドバイスなどを受けに出かけることもできますし、近所の認定支援機関の紹介も可能です。

　このように、日本経済は中小企業の企業生産性の向上によって、国力を強化しなければなりませんが、その原動力になる中小企業の経営者は、各地域で活動している認定支援機関と、じっくり相談することができるようになっているのです。中小企業が日本をリードするならば、その助言者・相談役になっている認定支援機関も、中小企業を通して、日本の

地域の活性化に貢献することができるのです。すなわち、今まで、待ちの姿勢が目立った中小企業の経営者とじっくり対話を行い、新しく効果的な経営手法を紹介しながら、経営者とともにチャレンジして、まさに「認定支援機関が日本を救う」というミッションを、実践してもらいたいと思います。

第**4**章

経営者への行政機関対応に関する助言

第**5**章

経営改善計画と企業の再生・成長の助言

第**8**章

認定支援機関のメリットとミッション

おわりに

第**1**章

認定支援機関とは

認定支援機関（認定経営革新等支援機関）とは、主に、中小企業の経営支援を行うために、専門的知識や実務経験が一定レベル以上にある者を、国が認定した機関（資格者）です。国の認定を受けたこの支援機関は、弁護士、税理士・税理士法人、公認会計士、中小企業診断士、商工会・商工会議所、金融機関等です。認定支援機関は、以下のとおりの業務を行いますが、この画像は、中小企業庁のホームページから転写しました。また、これらの情報は、中小企業庁が管理・運営する中小企業等向けの総合支援サイトである「ミラサポ」からも得られます。

このように、認定支援機関についての情報は、容易に検索ができます。

中小企業庁

本文へ　サイトマップ　English

文字サイズ 小 中 大

トップページ　中小企業庁について　中小企業憲章・法令　公募・情報公開　審議会・研究会　予算　白書・統計情報

トップページ ▶ 経営サポート ▶ 経営革新支援 ▶ 認定経営革新等支援機関

認定経営革新等支援機関

支援を受けたい
事業者向け ▶

支援をしたい
支援機関向け ▶

認定経営革新等支援機関
検索システム ▶

認定経営革新等支援機関
電子申請システム ▶

経営革新等支援機関認定制度の概要

中小企業を巡る経営課題が多様化・複雑化する中、中小企業支援を行う支援事業の担い手の多様化・活性化を図るため、平成24年8月30日に「中小企業経営力強化支援法」（現在の「中小企業等経営強化法」）が施行され、中小企業に対して専門性の高い支援事業を行う経営革新等支援機関を認定する制度が創設されました。
認定制度は、税務、金融及び企業財務に関する専門的知識や支援に係る実務経験が一定レベル以上の個人、法人、中小企業支援機関等を経営革新等支援機関として認定することにより、中小企業に対して専門性の高い支援を行うための体制を整備するものです。

認定経営革新等支援機関に関する資料

◎ 認定経営革新等支援機関チラシ

◎ 認定経営革新等支援機関による中小企業・小規模事業者支援優良取組事例集(PDF形式:11,813KB)

　また、認定支援機関の経営者への支援の流れは次ページのとおりですが、これらのチラシなどに沿って、経営者は認定支援機関に支援を期待していることを表しています。ここに書かれた、認定支援機関に対する説明や手続きを精読すれば、認定支援機関としては、経営者から何を求められているかがわかります。ただし、この要求事項や要請事項は、経営者の経営における一面のニーズであることも、認識しておく必要があります。

　たとえば、次ページの「認定経営革新等支援機関からの支援の流れ」の文字や図から、その支援の流れはよくわかりますが、自分の顧問先企業に沿って考えた場合、極めて広範囲であることがわかります。「03：認定経営革新等支援機関に相談」における「経営状況の把握、事業計画作成、事業計画実行」は、経営のすべての領域であり、この事項の文書化を行うことも、PDCAの手順を決めることでも、大変な体力と時間がかかることが想定されます。

　また、15ページの「こんな時、認定支援機関をご活用ください」における5つの項目である「見える化」「事業計画」「販売チャネル・販売量の拡大」「専門課題の解決」「金融機関との関係」は、いずれも、経営者の最重要課題と言えるものばかりです。もしも、この内容を、上場企業が処理するならば、社長室、企画部、財務部、営業部、総務部など、本社管理部門の機能の総動員の案件ばかりのようです。これらの案件は、経営者にとって、すべて重要案件と言えますから、認定支援機関としては、経営者にその重要性を理解してもらい、ある程度の時間を取って経営者の考え方を聞いて、相互に納得するまで対話をすることをお勧めします。

認定経営革新等支援機関から支援を受ける(事業者向け)

認定経営革新等支援機関からの支援の流れ

01 中小企業・小規模事業者の経営課題

02 支援機関の選定

- 認定経営革新等支援機関検索システム
  ※認定支援機関(金融機関を除く)の活動内容や
  支援実績等を検索することができます。

03 認定経営革新等支援機関に相談

- 経営状況の把握 (財務分析、経営課題の抽出)
- 事業計画作成(計画策定に向けた支援・助言)
- 事業計画実行(事業の実施に必要な支援・助言)
  等

認定経営革新等支援機関の関与を要する施策について
は、以下のファイルをご覧ください。

- 国の補助事業等において必要とされる認定支援機
  関(経営革新等支援機関)の役割について(PDF形
  式:522KB) (令和3年11月29日更新)

04 事業計画の実現!

05 モニタリング・フォローアップ
巡回監査の実施・改善策の提案など

こんな時、認定支援機関をご活用ください

経営を「見える化」したい

経営相談から、財務状況、財務内容、経営状況に関する調査・分析までを支援します。

事業計画を作りたい

経営状況の分析から、事業計画等の策定・実行支援から、進捗状況の管理、フォローアップまでサポートします。

**取引先を増やしたい
販売を拡大したい**

認定支援機関のネットワークを活用し、新規取引先の開拓や販路拡大のサポートをします。

専門的課題を解決したい

海外展開や知的財産の管理等の専門的な課題については、最適な専門家を派遣し、認定支援機関と一体になって支援します。

**金融機関と
良好な関係を作りたい**

計算書類等の信頼性を向上させ、資金調達力の強化につなげます。

認定経営革新等支援機関として支援業務を行う(支援機関向け)

▶ 新規・更新申請、について
　金融機関以外の方は、以下の認定経営革新等支援機関電子申請システムにアクセスしてください。
　金融機関の方は、金融庁のホームページより申請を行ってください。

［ 認定経営革新等支援機関電子申請システム🔗 ］

▶ 具体的な認定基準について

［ 新規の方⊙ ］　　　［ 更新の方⊙ ］　　　［ 変更・廃止の方⊙ ］

さらに、以下に述べている「活用メリット」「申請するには（条件）」「業務内容」については、認定支援機関の中小企業へのサービス内容であり、認定支援機関としては、身につけなければならない知識やスキルということになります。国の資格試験に合格して、弁護士、税理士・税理士法人、公認会計士、中小企業診断士などで、業務経験を積んだとしても、商工会・商工会議所の経営指導員などの経験を積んでも、また、金融機関で融資業務に熟知してきたとしても、以下のスキルや知識は、それらの人材が既に習得しているスキルや知識とは異なるものです。

「専門的な立場から、経営状況の分析などの指導・助言の実務経験を3年以上」積むことが必要条件であっても、経営者が認定支援機関に求めるスキルや知識は、必ずしもこれでは十分条件を満たしたとは言えません。この認定支援機関は、形式的に経営者との間で対話ができたり、書類作成においては、委託企業の役職員と共同作業を行ったり、それらのメンバーへの口頭での指導・助言・相談を行ったとしても十分とはいえず、経営者の求めるスキル・知識は必ず保有しておかなければなりません。

認定支援機関の活用メリット

・財務状況、財務内容、経営状況に関する調査・分析
・事業計画づくり
・認定支援機関のネットワークを活用した新規取引先の開拓や販路拡大
・海外展開や知的財産の管理など専門的な相談
・計算書類の信頼性の向上による金融機関との良好な関係づくり

認定支援機関に申請するには

・税務や金融・財務に関する専門知識を持っていること
・専門的な立場から、経営状況の分析などの指導・助言の実務経験を3年以上（経営革新等・支援業務1年以上含む）があること、またはそれと同等以上の能力を持っていること
・長期かつ断続的に支援業務を行う為の体制があること
・破産者や暴力団員などではないこと

認定支援機関の業務内容は？

認定支援機関では、ものづくり補助金と事業承継補助金の申請ができます。ものづくり補助金は、「ものづくり中小企業支援」といわれている経営サポートです。中小企業や個人事業主が、認定支援機関と連携して、サービス開発をしたり試作品開発をしたり、生産業務の改善を行ったりする設備投資を支援するための補助金です。

第2章 中小企業経営者の実相と認定支援機関の役割

　2018年版の中小企業白書には、中小企業経営者の実相をよく表した「中小企業の成長意欲」というコラムがあります。中小企業の経営者は、業歴を重ねるごとに「成長を目指したい」という意欲が薄れていき、業歴が40年を超えると、その意欲は6～5％以下になってしまいます。そして、70％の企業は、「時間をかけて安定的な成長を実現したい」と述べています。

コラム　1-4-1　　中小企業の成長意欲

　「企業の成長」とは何か。売上高や利益の増加や従業員規模の拡大といった量的拡大もあれば、サービスや技術力、従業員の能力の向上といった質的向上もあり、企業や経営者の考えによって目指すべき方向はそれぞれ異なるだろう。ここでは、売上高や利益の増加、従業員数の増加を「企業の成長」として捉え、その成長意欲について見ていく。

　コラム1-4-1①図は、業歴別の成長意欲について示したものである。どの業歴においても「時間をかけて安定的な成長を実現したい」と答えた企業が約7割と多い。また、業歴が短いほど「短期間に高い成長を実現したい」と答える割合が多く、創業10年未満では約23％に及んでいる。他方で、業歴が50年を超えると「成長にこだわらず、現状の状態を存続していきたい」と回答する企業が約2割おり、業歴を重ねるほど現状維持志向になる傾向が見られる。

コラム1-4-1①図　業歴別企業の成長についての意欲

資料：アクセンチュア（株）「平成29年度我が国中小企業の構造分析及び構造変化の将来推計に係る委託事業報告書」（2018年3月）
(注) 2016年の業歴ごとに、売上高や利益の増加、従業員数の増加といった、「企業の成長」について回答した企業を集計している。

2 「中小企業に留まりたい」という経営者では大企業にはなれない

　かつては、中小企業経営者は、「将来、パナソニックや本田技研工業のような企業に、自社を成長させ、従業員や地域に貢献したい」と思っていたようです。多くの中小企業の社長は、京セラの稲盛和夫氏の盛和塾や一倉定氏の社長セミナーで、企業の成長戦略などを学んできました。しかし、最近は、中小企業から大企業に成長させようとする経営者の意欲は減退しています。

　コラム1-4-1③図は、中小企業に区分されている企業に対して、大企業を目指しているかどうかを尋ねたものである。「特に考えはない」という企業が過半数である中、「大企業を目指している」と答えた企業は全体の約8%である。一方で、「中小企業に留まりたい」と答えた企業が約38%存在しており、中小企業であることにメリットを感じている企業も一定数存在している。

コラム1-4-1③図　大企業・中小企業についての意向

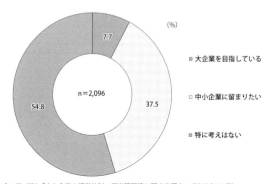

(%)

- ■ 大企業を目指している
- □ 中小企業に留まりたい
- ■ 特に考えはない

n＝2,096

7.7
54.8
37.5

資料：アクセンチュア（株）「中小企業の経営体制・経営管理等に関する調査」（2017年11月）

　次ページの図表は、「中小企業に留まりたい」と答えた企業の理由です。主な理由は、経営理念を実現し、社会貢献を目指して、そして、従業員や地域などのステークホルダーのために上場企業や大企業になってメリットを与えようという意欲が薄れています。これでは、「企業生産性の引上げ」や「働き方改革」を行って、企業価値を引き上げ、自己資本が充実した大企業になろうという意識があまり大きくないように見えます。

コラム1-4-1④図は、コラム1-4-1③図で「中小企業に留まりたい」と答えた企業の理由を示したものである。最も回答が多かったのは、「中小企業の方が創造的な活動がしやすいから」が約24%で最も多く、次いで「中小企業の規模の方が人材をマネジメントしやすいから」が約20%と続いている。

以上から、中小企業ならではの強みやメリットを感じて中小企業に留まりたいと考えている企業も相応数存在していると考えられる。

コラム1-4-1④図　中小企業に留まりたい理由

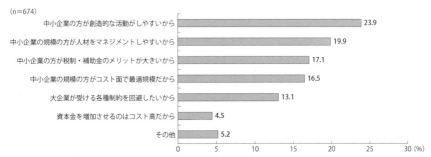

(n=674)

	%
中小企業の方が創造的な活動がしやすいから	23.9
中小企業の規模の方が人材をマネジメントしやすいから	19.9
中小企業の方が税制・補助金のメリットが大きいから	17.1
中小企業の規模の方がコスト面で最適規模だから	16.5
大企業が受ける各種制約を回避したいから	13.1
資本金を増加させるのはコスト高だから	4.5
その他	5.2

資料：アクセンチュア（株）「中小企業の経営体制・経営管理等に関する調査」（2017年11月）
(注) 大企業になることについてどのように考えるかについて「中小企業に留まりたい」と回答した企業において、中小企業に留まりたい理由について回答した企業を集計している。

　上の図表を見ると、中小企業の経営者としては、創造的な活動がしやすく、人材のマネジメントが容易な、短期的に楽な選択をしています。また、中小企業の優遇税制や補助金のメリットに注目し、大企業の各種制約などを嫌って、「中小企業に留まりたい」と調査に答えていました。中小企業の経営者は、目の前の現象ばかりに目が奪われてか、大企業に成長していった場合のメリットを、あまり知ろうとしていないようです。

　中小企業の経営者は、認定支援機関やコンサルタントなどと対話を重ね、自らの経営理念の達成や長期的な施策の重要性に注目して、上場企業や大企業に成長した場合のメリットを、もっと理解しておくべきと思われます。

3 「生産性引上げ」「賃金の上昇」を目指す経営者は「経営理念」を意識する

　最近の国の施策では、中小企業に対して、生産性・付加価値の引上げや平均賃金の引上げ（最低賃金のアップ）に努めることを強く勧奨しています。

　OECD加盟国の労働生産性を見ると、日本は、その平均上昇率が低位になっており、この劣勢を転じるためには、どうしても「生産性引上げ」と「賃金の上昇」が必須になっているからです（2020年版中小企業白書）。

第1-2-3図　OECD加盟国の労働生産性

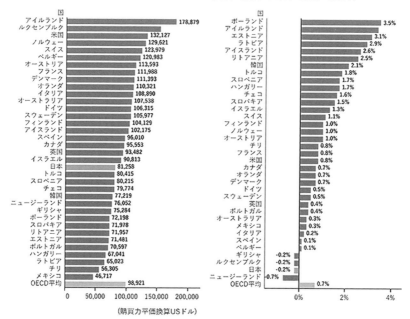

①労働生産性（2018）

国	（購買力平価換算USドル）
アイルランド	178,879
ルクセンブルク	132,127
米国	132,127
ノルウェー	129,621
スイス	123,979
ベルギー	120,983
オーストリア	113,593
フランス	111,988
デンマーク	111,393
オランダ	110,321
イタリア	108,890
オーストラリア	107,538
ドイツ	106,315
スウェーデン	105,997
フィンランド	104,129
アイスランド	102,175
スペイン	96,010
カナダ	95,553
英国	93,482
イスラエル	90,813
日本	81,258
トルコ	80,415
スロベニア	80,215
チェコ	79,774
韓国	77,219
ニュージーランド	76,052
ギリシャ	75,284
ポーランド	72,198
スロバキア	71,978
リトアニア	71,957
エストニア	71,481
ポルトガル	70,597
ハンガリー	67,041
ラトビア	65,023
チリ	56,305
メキシコ	46,717
OECD平均	98,921

②労働生産性平均上昇率（2015～2018年）

国	
ポーランド	3.5%
アイルランド	3.1%
エストニア	2.9%
ラトビア	2.6%
アイスランド	2.5%
リトアニア	2.1%
韓国	1.8%
トルコ	1.7%
スロベニア	1.7%
ハンガリー	1.6%
チェコ	1.5%
スロバキア	1.3%
イスラエル	1.1%
スイス	1.0%
フィンランド	1.0%
ノルウェー	1.0%
オーストリア	0.8%
チリ	0.8%
フランス	0.8%
米国	0.7%
カナダ	0.7%
オランダ	0.7%
デンマーク	0.5%
ドイツ	0.5%
スウェーデン	0.4%
英国	0.4%
ポルトガル	0.3%
オーストラリア	0.3%
メキシコ	0.2%
イタリア	0.1%
スペイン	0.1%
ベルギー	-0.2%
ギリシャ	-0.2%
ルクセンブルク	-0.2%
日本	-0.7%
ニュージーランド	0.7%
OECD平均	0.7%

資料：日本生産性本部「労働生産性の国際比較2019」
（注）1.全体の労働生産性は、GDP/就業者数として計算し、購買力平価(PPP)によりUSドル換算している。
　　　2.計測に必要な各種データにはOECDの統計データを中心に各国統計局等のデータが補completeに用いられている。

　「生産性引上げ」と「賃金の上昇」の根本的な解決策である「中小企業の成長戦略」は、今まで国の要請では、あまり前面に出て来ませんでし

た。最近では、「事業再構築補助金」施策などが実施され、「中小企業の成長戦略」の施策のラインナップも出揃ってきています。

　ちなみに、「2020年版中小企業白書」によると、中堅・中小企業と大企業の「生産性」と「賃金の上昇」のギャップの実態は、以下のとおりです。

第2章　中小企業・小規模事業者の労働生産性

　将来的に人口減少が見込まれる中、我が国経済の更なる成長のためには、359万者のうち99.7%を占める中小企業が労働生産性を高めることが重要となってくる。本章では、中小企業・小規模事業者の労働生産性について現状を把握していく。

第1節　労働生産性の推移

　第1-2-1図は、企業規模別に、従業員一人当たり付加価値額（労働生産性）[1]を示したものである。大企業について見ると、リーマン・ショック後に大きく落ち込んだ後、緩やかな上昇傾向で推移している。一方で中小企業は、大きな落ち込みはないものの、長らく横ばい傾向が続いており、足元では大企業との差は徐々に拡大していることが分かる。

　1　労働生産性の算出に当たっては、厳密には分母を「労働投入量」（従業員数×労働時間）とする必要があるが、本白書ではデータ取得の制約等から、分母に「従業員数」を用いている点に留意されたい。

第1-2-1図　企業規模別従業員一人当たり付加価値額（労働生産性）の推移

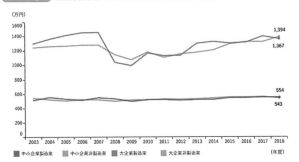

資料：財務省「法人企業統計調査年報」
（注）1.ここでいう大企業とは資本金10億円以上、中小企業とは資本金1億円未満の企業とする。
　　　2.平成18年度調査以前は付加価値額＝営業純益（営業利益－支払利息等）＋役員給与＋従業員給与＋福利厚生費＋支払利息等＋動産・不動産賃借料＋租税公課とし、平成19年度調査以降はこれに役員賞与、及び従業員賞与を加えたものとする。

　この中小企業と大企業は、最近、そのギャップは大きくなっており、やはり、中堅企業・中小企業への対策が喫緊の課題になっています。

4 経営理念の浸透が 「中小企業経営者の経営力を高める」ことになる

「2022年版中小企業白書」では、「経営理念・ビジョン」が、「中小企業経営者の経営力を高める」ことを力説しています。

以下の図の「経営理念・ビジョンの構成要素」における、「優れた経営理念・ビジョンの条件」について、「Collins・Porras（1995）は、……優れた企業 が持つ経営理念・ビジョンとして、「明確さ」と「共有」の二つの条件を指摘し、これらが満たされることで経営理念・ビジョンが初めて真の効果を発揮すると説明している。他方で、二つの条件を満たしていない組織は、取り巻く環境の変化や課題に対する経営戦略が曖昧となり、対症療法的な経営判断や戦術遂行とならざるを得ないと指摘している。」と述べています。

日本の中小企業経営者が「中小企業に留まりたい」と主張することは、「経営理念・ビジョン」への意識不足なのかもしれません。

第2-2-57図　経営理念・ビジョンの構成要素

経営理念・ビジョン

経営者および組織体の明確な信念・価値観・行動規範

コアバリュー	パーパス	ミッション
組織の指針となる原則と信条	組織が存在する根本的な理由、存在意義	組織が目指す明確なゴール。組織成員と登ろうとする高い山
→変化することはほぼない、普遍的な価値観	→100年にわたって企業の拠り所となるもの	→理想的な組織としては、10〜25年で変化するもの

優れた経営理念・ビジョンの条件

➢ 「明確さ」
経営理念・ビジョンで掲げる内容が組織内できちんと理解されていること

➢ 「共有」
組織成員が経営理念・ビジョンで掲げる内容を賛同し、組織に浸透していること

経営戦略・戦術

➡ 内部分析　外部分析　戦略的判断

この「経営理念・ビジョンの構成要素」などの理論に沿って、「2022年版中小企業白書」の「第2部　新たな時代へ向けた自己改革力」の「第2章　企業の成長を促す経営力と組織　第3節　中小企業経営者の経営

力を高める取組」で、多くの情報を紹介しています。ここでは、全社的に経営理念・ビジョンが浸透している企業は、労働生産性の上昇幅が大きい結果となっていることを述べています。

第2-2-73図は、経営理念・ビジョンの浸透状況別に見た、2015年から2021年にかけての労働生産性の上昇幅を見たものである。一概に今回の調査結果のみで説明はできないものの、全社的に浸透している企業は、労働生産性の上昇幅が大きい結果となっている。経営理念・ビジョンの浸透による効果（第2-2-76図にて後述）を通じて、企業業績にもプラスの効果が生まれている可能性が考えられる。

明確な自社の存在意義やゴールを組織で一体化させている企業が感染症下という未曽有の経営環境を乗り越えている様子がうかがえる。

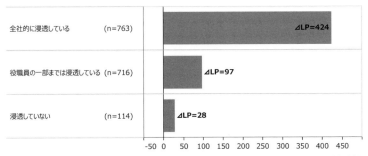

第2-2-73図　　経営理念・ビジョンの浸透状況（労働生産性の変化）

全社的に浸透している　　　(n=763)	⊿LP=424
役職員の一部までは浸透している (n=716)	⊿LP=97
浸透していない　　　　　(n=114)	⊿LP=28

-50 0 50 100 150 200 250 300 350 400 450
（千円/人）

資料：（株）東京商工リサーチ「中小企業の経営理念・経営戦略に関するアンケート」
1.労働生産性＝（営業利益＋人件費＋減価償却費＋賃借料＋租税公課）÷従業員数。
2.⊿LP（労働生産性の変化）とは、2021年時点と2015年時点の労働生産性の差のことをいい、中央値を集計している。
3.「役職員の一部までは浸透している」は、「主任・係長クラスまで浸透している」、「部長・課長クラスまでは浸透している」、「経営層までは浸透している」の合計。

　ただし、この「経営理念・ビジョン」が全社的に広がることについては、「経営理念・ビジョン」の具体的な内容や社内への浸透手法などにも、その要因があると思います。この点は、後段で、詳しく検討したいと思います。なお、以下では、「経営理念・ビジョン」の浸透の効果を示しています。

最後に**第2-2-76図**は、経営理念・ビジョンの浸透状況別に見た、浸透による効果[28]について示したものである。これを見ると、全社的に浸透している企業が総じて効果を実感している傾向にあることが分かる[29]。

従業員に与えた効果として、自律的な働き方の実現やモチベーション向上を実感する割合は全社的に浸透している状況に近づくほど、高い傾向となっている。また、自社に対するエンゲージメントの高まりも見て取れる。経営理念・ビジョンが浸透したことで、従業員の行動変容につながり職場の活性化に寄与している様子がうかがえる。

企業自体の事業活動に関する効果として、経営判断のよりどころとなっている割合も全社的に浸透している状況に近づくほど、高い傾向となっている。自社の存在意義や目指すべきゴールに対する従業員からの賛同を得ていることで、経営理念・ビジョンに軸足を置いた経営判断を下しやすくなった可能性も考えられる。顧客・取引先との関係強化についても同様の傾向が見られる。ステークホルダーを念頭に置いた経営理念・ビジョンを掲げる企業が多い中で、組織全体がステークホルダーとの関係を意識した企業活動を行っている結果、対外的な関係強化につながったと考えられる。

第2-2-76図　経営理念・ビジョンの浸透状況別に見た、浸透による効果

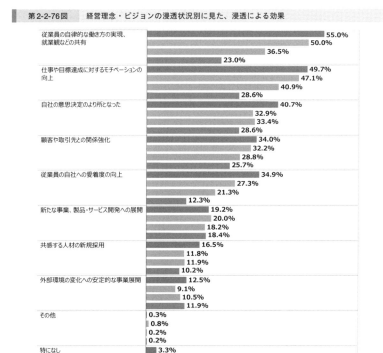

資料：（株）東京商工リサーチ「中小企業の経営理念・経営戦略に関するアンケート」
（注）1.回答数(n)は以下のとおり。全社的に浸透している：n＝1,786、主任・係長クラスまで浸透している：n＝485、部長・課長クラスまでは浸透している：n＝850、経営層までは浸透している：n＝413。
2.経営理念・ビジョンを明文化している企業に聞いたもの。
3.経営理念・ビジョンの浸透状況について「浸透していない」、「分からない」と回答した企業は除外している。
4.複数回答のため合計が100％とならない。

5 認定支援機関の中小企業経営者への アドバイスの効果

1）経営者主導の改革の難しさと認定支援機関との連携

　中小企業経営者の実相としては、中小企業への期待が高まってきていますが、未だに、「中小企業に留まりたい」「時間をかけて安定的な成長を実現したい」という意識はまだまだ強いものと思われます。その上に、多くの中小企業の世代交代・事業承継も順調には進んでいません。国としては、「中小企業の成長戦略」として「生産性引上げ」と「賃金の上昇」の施策を、早急に進める動きになっています。「事業再構築補助金」や「ものづくり補助金」の補助金施策など、多くの施策を講じると同時に、「中小企業白書」「年度ごとの中小企業施策」など、各省庁や各機関の「ホームページ」でその広宣活動を積極的に行っています。

　しかし、中小企業経営者は、その補助金・税制優遇などの種々の施策を、自社の「成長戦略」に結びつけることはできていないようです。「馬を水辺に連れて行けても　水を飲ますことはできない」という言葉がありますが、「中小企業は、事業再構築補助金や支援機関などの国の施策が詰まっている水辺に連れて行っても、その水を飲まないし、たとえ、飲んだとしても、成長戦略までには辿り着かず、効果を出せない」ということが現実のようです。

　このような場合は、認定支援機関のアドバイスや対話が役立つものと思われます。

　現実問題として、認定支援機関が経営者を水辺に連れて行く行動だけでは、役立たないことがほとんどです。認定支援機関はさらに中小企業の内部に入って、汗をかかなければならないものと思われます。

　例えば、事業再構築補助金の採択を取るために、認定支援機関が経営者と対話をし、事業計画の作成支援を行い、採択に向けての支援を行う

ケースを、想定しましょう。もしも、その申請企業の営業部長が、しっかりした実績管理や売上計画を作成できなかったり、財務部長が投資計画とキャッシュフロー見込数値が算出できなかった場合には、行政機関に提出する申請書類はできませんし、モニタリング計画も目途が立ちません。この場合は、営業部長や財務部長またはその部下たちと対話を持たなければならないかもしれません。経営者の内部統制が不十分で、取締役会での情報交換や役職員間の役割分担や連携策が徹底できなければ、認定支援機関の動きは、かなり増えることになりますが、実際は、このケースが大半のようです。

幸い、事業再構築補助金の採択が取れた場合でも、問題は発生します。補助金の内容が「事業転換」「業種転換」「業態転換」であった場合は、企業にとって大きな変更ですから、当然ながら、新しいビジネスモデルの構築や内部組織の改革などを、経営幹部が参加する取締役会などで、各部署のアクションプランの方向性を確認しなければなりません。具体的には、取引先・仕入先・物流のシステム、人事採用・配置換えの手配、社内のデジタル伝達・管理などの組替え、などなどの見直しをする必要があります。

とは言うものの、取締役会が機能している中小企業は多くありません。そこで、社長は、これらの社内調整を個々の担当者に説得しなければなりません。その負担が重い場合は、既存の売上計画や収益計画が未達になったり、各担当者の残業が増加することになってしまいます。そして、現在の従業員の窮境が、新改革と社内調整にあると思われたり、時には社長や経営幹部の責任になってしまいます。このような現象が続くことで、社長の改革意欲が低下し、現状維持マインドが強まり、会社内には保守的な空気が漂ってしまいます。

このようなときも、認定支援機関の出番になります。

取締役会の機能アップと内部統制の強化のアドバイスや、社内組織の見直しと各部署の分掌の明確化について、認定支援機関が経営者と対話

を行うことが有効です。仮に、日常の業務の中に、この改革を組み入れることができない場合は、プロジェクトチームの組成や外部のコンサル機関との連携も考えられます。これらの施策については、まさに、認定支援機関の仕事になります。

2）認定支援機関の企業改革の課題

　一般に中小企業経営者は、「中小企業に留まりたい」「時間をかけて安定的な成長を実現したい」という保守的な意識の方が多いので、自社の資金繰りが苦しくなったり、大口販売先や仕入先からの取引中断などの兆しがない場合は、認定支援機関などのコンサルタントに相談することはないようです。バブル崩壊前は、金融機関の支店長や支店の幹部に経営相談をしていましたが、現在は、金融機関の支店にはその機能はなくなってしまっているようです。金融機関の本部には経営などの相談担当者はいるようですが、経営者としては、気心の知れたヒトへの気楽な相談とはいかないようです。中小企業の経営者は、高齢で長期間経営を行っていますから、多くは家族的経営組織の家長的なワンマン経営者になっており、自分の子供のような年齢の支店長や本部の担当者には、なかなか相談はしにくいようです。

　しかし、税理士や公認会計士の先生には、経営者個人の資産管理を含めて、種々の相談をしていましたし、弁護士の先生には、取引先とのトラブルや債権回収また個人を含めて資産管理の問題の指導を受けたり、また、中小企業診断士の先生には、販売・在庫管理や業界情報などアドバイスを受け、同時に経営全体に関わることの突っ込んだ話をしています。特に、認定支援機関のメンバーは、国の資格要件として、「専門的な立場から、経営状況の分析などの指導・助言の実務経験を3年以上（経営革新等・支援業務1年以上含む）ある税理士・公認会計士・弁護士・中小企業診断士など」と決められて、経済産業大臣から資格を与えられています。そこで、経営者としては、地元の税理士や公認会計士、弁護

士、中小企業診断士などには大きな抵抗はありませんでしたので、認定支援機関が「経営状況の分析などの指導・助言の実務経験を3年以上」の要件を満たしていることを知れば、その対話や相談・助言に大きな信頼を持つことができると思います。

ただし、この認定支援機関は、国家資格である上に、国の事業再構築補助金の「事業計画策定者」の要件になっていることから、事務的な面が強調されていますが、実際は、中小企業の経営コンサルタント、経営者の相談・助言者であり、民間の伴走者の位置づけになります。

ということで、認定支援機関のメンバーとしても、書類作成において、委託企業の役職員と共同作業を行ったり、それらのメンバーへの口頭での指導・助言・相談をすることばかりではなく、経営者との間で経営に関する対話が特に重要になります。ついては、認定支援機関のメンバーは、もともとの資格の業務に加えて、経営者との対話や経営に関する助言・指導・相談が必須業務になりますので、経営者の求めるスキル・知識は保有しておく必要があります。

このような特徴から、認定支援機関としては、中小企業経営に関して、広く深い経営知識が必要である上に、経営のタイムリーな情報の吸収も欠かせないことになります。また、国家資格者であることから、最近の行政機関の動きもフォローしなければなりませんし、国の施策としての「中小企業の成長戦略」に向けて、「生産性引上げ」「賃金の上昇」の施策の支援もするべきです。

具体的には、後段で述べる、中小企業における、「資金調達」「行政機関対応」「経営改善計画」「デジタル改革」や経営理念・ビジョンに関連する「ロカベン（ローカルベンチマーク）」「SDGs」「CGC（コーポレートガバナンス・コード）」についても習得するべきですので、詳しく見ていくことにします。

第3章

金融機関からの資金調達についての経営者への助言

1 金融機関からの資金調達

　かつての資金調達は金融機関からの借入れがメインでした。新規に金融機関から借入れをスタートするときは、経営者自身が、必ず、金融機関に出かけていき、自社の概要や沿革、経営理念を支店長また担当者に丁寧に細かく話さなければなりませんでした。しかし、借入れが始まった後は、自社の財務部長や経理課長などが、金融機関の融資担当者に借入れ資金ニーズについて、話をして簡単な資料を提出すれば、借入れが実行されます。少なくとも年に1回は、経営者が、決算報告に出かけることは必要ですが、通常の運転資金ならば、ほとんど機械的に融資が実行されます。普段、金融機関の支店と取引先企業は意識しなくとも、地域内で情報交換をしており、相互信頼はできています。

2 簡単な資金調達

1）預金担保借入れ・株式担保借入れ・信用保証協会の保証付きの借入れ

　金融機関からの資金の借入れで、融資担当者への事前説明や手続きが簡単な借入れは、預金担保借入れや株式担保借入れです。また、信用保証協会の保証付きの借入れも、保証協会への借入れ申請はやや煩わしさはありますが、やはり簡単な借入れになります。金融機関に対しては、借入資金の使途の説明とその資金が使われた後の返済の説明が、融資申請者にとって、負担感が大きいものです。預金担保借入れや株式担保借入れ、また、信用保証協会の保証付きの借入れは、予定した返済が期日にできないときでも、担保や保証で、簡単に借入れが完済できますから、

金融機関担当者としては、大きな責任やプレッシャーは少ないものです。このことが、融資申請者の負担感の軽減になります。

2）資金使途が明確な信用貸出し

　一方、担保や保証を金融機関が取らない信用貸出しは、金融機関担当者としては大きなプレッシャーになるものです。もし借入れが予定した期日に返済できない場合は、信用貸出しで担保や保証履行ができませんから、担当者は、その返済に向けて種々の工夫をしなければなりません。その企業の余裕資金や使わない資産を見つけ、現金化して返済してもらったり、将来の利益やキャッシュフローで徐々に返済してもらうなど、その工夫は、金融機関担当者にとって、大きな負担です。

　このような負担を軽減するためには、金融機関担当者は、融資についての資金使途や返済財源を、融資前に徹底的にヒアリングを行います。以下の借入れは、仕入れ・在庫などの運転資金借入れと賞与資金借入れまた設備資金の借入れであり、上段が借入残高、下段が預金残高になります。

銀行貸出のパターン

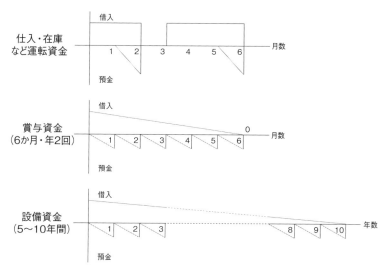

もし、仕入れ・在庫などの運転資金借入れの資金使途を詳しく聞いた銀行員は、その借入れが期日に返済ができなくなったとしても、その他の在庫がいくらあって、売掛金や受取手形の手持ちがどのくらいあるのか、また、仕入先への支払いは待ってもらえないか、販売先の入金を現金払いに変更してもらえないか、などの対策を企業の担当者と相談することができます。

　賞与資金借入れの場合ならば、毎月の返済を数か月延期したり、追加の担保交渉をすることもできます。

　設備資金借入れならば、製品の販売やその資金回収を急ぐこと、製品の販路の開拓や類似製品の製造強化、また、仕入れ材料の数量調整や支払い延期、さらには、使用頻度の落ちた製造ラインの売却による現金化も検討することができます。

　これら仕入れ・在庫などの運転資金借入れ、賞与資金借入れ、設備資金の借入れなどは、その融資担当者は、資金使途や返済財源などのキャッシュフローを把握しているはずですから、その借入れの返済手法はいくつも頭に浮かぶことから、合理的な返済手法を融資企業担当者と相談することができるものと思われます。

　それでも、円滑返済の良いアイデアが出ないときは、経営者の出番になります。その仕入れ・販売・在庫などの運転資金ルート以外のキャッシュフローの検討を融資担当者の上司である金融機関の課長や部長など、時には支店長や副支店長と相談するべきです。自社の資産内容を見直して、売却し現金化するものがあるか、融資を合算して毎月の返済負担を軽減できないか、過剰担保を投入している他の金融機関から資金調達ができないか、自社の情報を金融機関に提供して、返済猶予や資本性借入れへの支援をお願いできないか、などなど、企業全体を俯瞰した対策を、金融機関幹部と相談するべきです。

　認定支援機関としては、経営者が上記の金融機関交渉などに躊躇している場合は、アドバイスを行ったり、時には、金融機関に同行する必要

があります。

参考図書：『新銀行交渉術〜資金ニーズの見つけ方と対話』（中村中著、2018年5月、ビジネス教育出版社）……金融機関の支店融資担当者が扱う一般的な貸出商品に関する、実際の銀行交渉法とその商品を梃子とした中小企業の成長戦略について、シナリオ形式で説明しました。

3 新しい資金調達

1）事業性評価融資

事業性評価融資とは、「事業の内容」と「成長可能性」によって評価できる融資のことです。

この事業性評価融資の審査プロセスでは、次ページの「金融機関の審査プロセス」の網掛け部分にウエイトが置かれます。

第1プロセスの企業審査の欄ならば、第2工程の定性分析の審査部分です。企業の事業現場から知識や情報を身につけ経験を積んだ「目利き力のある担当者」によって、融資判断されるところです。一般的には、企業の毎年の決算報告書に載せられた数値から直接引き出せる財務指標によって評価される「定量分析」が重視されます。この定量分析のほうが、定性分析よりも客観的な見方ができるということで、この事業性評価融資が登場する前は、重点が置かれていました。

次の事業審査の欄においては、資金使途もキャッシュフローも、どうしても明確には説明できない「資本的資金充当貸出」が融資判断のポイントになっています。従来は、「長期や短期のマネーフローの融資」のほうが、「本部のメンバー（または支店長）にも説明しやすい」ということで、重視されていました。

「担保・保証チェック」においては、事業の現場や企業の内部管理まで把握していないとなかなか判断できない「流動資産担保」や「コベナン

金融機関の審査プロセス

●第1プロセス

企業審査	第1行程	定量分析（財務分析）チェック＝自己資本比率・債務償還年数など
	第2行程	定性分析（金融検査マニュアル別冊）チェック＝営業力・販売力など

●第2プロセス

		資金使途チェック
事業審査	短期マネーフロー（主に「資金繰り実績・予想表」でチェック）	1）仕入・在庫・販売 2）賞与・決算 3）正常なる運転資金
	長期マネーフロー（主に「資金運用調達表」でチェック）	1）設備 2）長期運転資金 3）貸出構成修正 4）事業再生 5）経営改善支援
	資本的資金充当貸出（含、ファンド等）	1）創業（成長） 2）業種転換 3）自己株式購入 4）M&A 5）事業承継

第1プロセス 第2プロセスの 審査でリスクが 大きい時

担保・保証チェック
コベナンツ（財務制限条項）
流動資産担保（ABL等）
従来型 固定資産担保（不動産・株式等、含定期預金）

●第3プロセス（企業審査・事業審査不可の場合）

	大分類	小分類
エリア金融審査	ステークホルダーへの貢献度	消費者（顧客）
		仕入先
		得意先
		従業員
		株主
		債権者
		地域住民
		行政機関
		その他（　　　　　）
	地域貢献への当社の意欲	経営者等役員
		従業員
		その他（　　　　　）
	地域・地元での当社への評価	税理士・会計士
		商工会議所・商工会
		学・官
		その他（　　　　　）

ツ（財務制限条項）」が注目されています。「従来型固定資産担保」は、金融機関の内部に担保物件を占有することであったり、登記において担保の権利が明確になりますから、本部の意思決定者（または支店長）には担保・保証として評価されていました。

さらに、エリア金融審査の欄の「リレーションシップバンキング」「地域密着型金融」に関する融資も、融資判断のポイントになりました。従来から、金融庁が機会あるごとに地域金融機関に導入を要請してきた「リレーションシップバンキング」「地域密着型金融」に関する融資については、貸出の現場や本部の意思決定者からは、なかなか市民権を得られませんでした。ただし、近年では、「まち・ひと・しごと創生本部」や「内閣府・中小企業庁・金融庁の公表する政策パッケージ」などで、「地域連携」を強く勧めるようになりました。「SDGs」の考え方が定着しつつあることから、発言力も高まっています。いわゆる「エリア金融審査」のようなフォームが各金融機関でも徐々に広がっているようです。

すなわち、事業性評価融資の判断は、①「企業審査」における「定性分析」②「事業審査」における「資本的資金充当貸出」③「担保・保証チェック」における「流動資産担保」や「コベナンツ」④エリア金融審査、の４つの項目であり、各企業の将来性や潜在能力また地域連携力など、企業価値や総合力に裏付けられたものであって、このメリットや強みを伝えることができるのは経営者以外にはいないとみなされています。

ちなみに、現在の金融機関の企業審査、格付け審査のフロー表と、その中の定性分析における実例となっている「金融検査マニュアル別冊（中小企業融資編）」の概要は以下のとおりです。

ということから、「事業性評価融資」に関する金融機関への説明については、経営者自身が行うことになっており、認定支援機関やコンサルタントは、その説明の支援を行うことがポイントになります。

第**3**章

金融機関からの資金調達についての
経営者への助言

「中小企業格付」の全体像

(左図は2000年以前、右図は2000年以降のおおむねの企業評価)

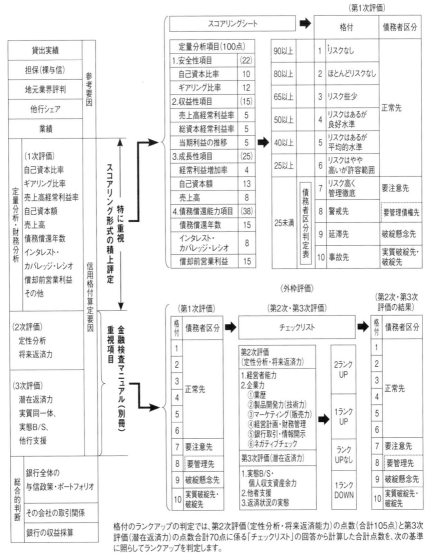

格付のランクアップの判定では、第2次評価(定性分析・将来返済能力)の点数(合計105点)と第3次評価(潜在返済力)の点数合計70点に係る「チェックリスト」の回答から計算した合計点数を、次の基準に照らしてランクアップを判定します。

・合計点数が　100点以上……………………2ランクUP
・合計点数が　70点以上～100点未満………1ランクUP
・合計点数が　0点以上～70点未満…………ランクUPなし
・合計点数がマイナスの場合……………………1ランクDOWN

ただし、上記の合計点が、70点以上でも、企業力の「④経営計画・財務管理」(最高40点)と「⑤銀行取引・情報開示」(最高10点)の合計が30点未満の場合は、ランクUPなしとします。

定性分析項目別の類似事例分類表

定性分析項目		類似事例	補足・細目事項
将来返済力	営業力（販売力）	7、8	8例は銀行との意思疎通を重視
	技術力	5、6	6例は銀行との意思疎通を重視
	経営者の資質 （経営計画）	11、12、13、14	
	経営者の資質	9、16、17	（貸出条件履行等） 特に9例は代表者個人の信用力
潜在返済力	実質同一体	1、2、3	
	外部支援度	4、15	4例は代表者の家族、 15例は銀行の各支援度
	キャッシュフロー	10、28	10例は減価償却、 28例は本業が順調
貸出条件 緩和債権	元本返済猶予債権	19、20、21、22、23	19例はコロガシ借入、 20例は短期継続融資、 21例は法定耐用年数内期限、 22例は信用保証協会で保全、 23例は担保保証で保全
	同上（正常運転資金）	18	18例は在庫借入
	卒業基準	24、25	24、25例は「合理的かつ実現可能性の高い経営改善計画」が必要
	資本的劣後ローン	27	一定の5つの条件と合理的かつ実現可能性の高い経営改善計画

2008年11月7日の金融検査マニュアル別冊（中小企業融資編）の改訂で第25事例は削除され、2015年1月20日に第20事例が追加されました。
この追加に伴い、従来の20～24事例は21～25事例となり、第26事例が飛び番号になりました。
そこで、27・28事例は従来の26・27事例ということになっています。

参考図書『事業性評価融資』（中村中著、2016年9月、ビジネス教育出版社刊）

2）エクイティファイナンス

　エクイティファイナンスは、資金供給者が銀行ではなく、一般の投資家であり、資金調達者である自社のバランスシートでは、「純資産の部」に投入される資金です。この資金は、銀行借入れとは違って、返済を迫られない長期安定資金であり、無利息で担保も必要ない資金です。ただし、自社の投資家への情報開示は厳格であり、内部統制も当然ながら求められます。

企業のバランスシート

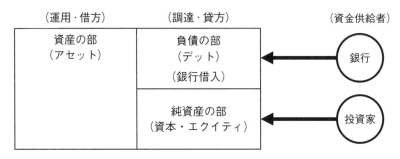

一方、リーマンショックから東日本大震災、また新型コロナウイルス危機を経験し、中小企業の借入れの返済猶予の件数・金額が大きくなっています。この返済猶予は、返済なしで金利水準も低く（またはゼロ金利）、形式的には、投資家が金融機関となるエクイティファイナンスとみなすこともできます。もともと、この返済猶予の融資は、返済付きの通常金利の貸出しでしたが、金融機関の融資先企業の業績悪化などでキャッシュフローが不足し、返済なしの無担保・無保証の低利融資になっています。同時に、毎月の返済金額の軽減（返済期間の長期化）のために、既存融資を無担保・無保証の返済なしの融資に乗り換えられるケースも増加しています。

このような状況下、エクイティファイナンスに対する抵抗感も下がり、活用も増加しており、中小企業庁からも、令和3年11月には以下の「新着情報（通達)」が提出されるようになっています。

【中小企業庁の新着情報】

中小企業者のためのエクイティ・ファイナンスの基礎情報
株式発行により資金調達をする際の基礎知識と投資契約書のひな形を整理しました

令和3年11月8日更新

1.　背景

中小企業者の多くは、資金調達が必要な際に金融機関による融資を利用しており、株式発行による資金調達(エクイティ・ファイナンス)を利用するケースはほとんどありません。しかし、新規事業の立ち上げやR&D、他社のM&Aなどのチャレンジに取り組む際に資金が必要な場合には、リスクマネーとしてのエクイティ・ファイナンスの活用余地が大きいと考えられます。

実際、全国の中小企業者に対して実施したアンケートにおいても、事業拡大等の成長投資を行った中小企業者の約6割が、そのための必要資金を借入によって調達しており、そのうちの約4割が、借入金の返済条件などの理由によって思い切ったチャレンジができなかったと評価しています。

また、中小企業者の4割が、ポストコロナを見据えた事業転換や事業化までに時間のかかるビジネス、中長期的な研究開発を目的に、エクイティ・ファイナンスの利活用を検討したいと考えていることが分かります。

　そこで、中小企業者がどのような場合に、どのようにしてエクイティ・ファイナンスを活用すればよいのかといった情報を、以下の通りまとめました。

2.　エクイティ・ファイナンスの基礎知識について

エクイティ・ファイナンスに関する知識や経験に乏しい者を想定して必要な情報を整備しています。資金の受け手となる中小企業者はもちろん、金融機関等が中小企業者にエクイティに関する説明をする際や、自らが出資者になる場合にも利用可能です。

全三章で構成されており、

- 第一章では、中小企業者におけるエクイティ・ファイナンスの概要(エクイティ・ファイナンスのメリットとデメリットや、資金の受け手や出し手が期待することなど)
- 第二章では、株式評価・出資者の投資回収について(代表的な株式の評価方法や、売却先による出資者の投資回収方法の分類)
- 第三章では、株式の種類・増資の手続き(種類株式として付与または制限できる権利や、具体的な増資の手続きにおけるポイント) をまとめています。

さらに詳しい内容については、本リリースの末尾に記載しております。

　なお、この新着情報の「背景」には、「実際、全国の中小企業者に対して実施したアンケートにおいても、事業拡大等の成長投資を行った中小企業者の約６割が、そのための必要資金を借入れによって調達しており、そのうちの約４割が、借入金の返済条件などの理由によって思い切ったチャレンジができなかったと評価しています。また、中小企業者の４割が、ポストコロナを見据えた事業転換や事業化までに時間のかかるビジネス、中長期的な研究開発を目的に、エクイティファイナンスの利活用を検討したいと考えていることがわかりました。」と書かれております。

　また、その「基礎知識」においては、「金融機関等が中小企業者にエク

第3章 金融機関からの資金調達についての経営者への助言

41

イティに関する説明をする際や、自らが出資者になる場合にも利用可能です。」と述べており、今後の金融機関が絡んだエクイティファイナンスの増加が見込まれています。なお、次に述べる、エクイティファイナンスの解説は、「経済産業省：エクイティファイナンスに関する基礎知識」を引用しました。

（1） エクイティ・ファイナンス（増資による資金調達）の概要

● エクイティ・ファイナンスとは、会社の事業や取組みならびに将来性等に対する評価のもと、株式を発行する対価として出資者から資金提供（出資）を受けることを指します
● 金融機関等からの借入（負債）とは異なり、返済の義務が無いことから、新規事業や研究開発等、チャレンジングな取組みを行うための資金として多く活用されています

	一般借入	劣後ローン	補助金	増資
概要	・金融機関等からの負債として資金を調達する方法。 ・返済期限が1年以内のものは流動負債に、1年超のものは固定負債として決算書に計上。 ・担保や保証を差し入れる場合がある。	・金融機関等からの負債として資金を調達する方法。 ・一般に、長期間かつ返済据置期間が設定されることが多い。	・国や地公体等から、事業者の取組みをサポートするために費用の一部を給付される資金。 ・政策目標（目指す姿）等に合わせて募集されるもので、取組みに対して一定の割合・上限額の中で、助成を受けることができる。	・株式発行により、資金を調達する方法。 ・資本として受け入れるため、純資産として決算書に計上される。 ・広く出資を募ることを公募、特定の出資者からの増資を第三者割当増資という。
メリット	・債務履行（返済・利息支払）を継続している限りは、特段の定めがある場合を除き、債権者からの関与はない。 ・現在の金利環境では、比較的低コストで資金調達ができる。	・返済が当面猶予される場合が多く、長期的な取組みへの資金として活用し易い。 ・金融機関の信用判定において、資本として解釈されることも多い。	・資金使途違反等、需給条件に違反しない限り、返済の義務は生じない。	・返済が伴わないことから、財務基盤の安定に繋がり、企業としての信用力向上の効果がある。 ・株主から経営や事業運営のサポートを受けられる場合が多い。
デメリット	・事業が上手くいっているかどうかに関わらず、償還条件の通りに返済を行う必要がある。 ・企業の信用力がなければ、借り入れることができない。	・債権返済順位が一般借入等に劣後することを含め、貸し手のリスクが高いことから、一般借入と比較して金利が高くなる場合が多い。	・資金使途や助成金額が限られる場合が多い。	・議決権その他の権利を新株主が持つ場合、経営への関与や優先配当等、経営の自由度が低下し、負担が大きくなる場合もある。
主な利用目的	・経常運転資金、設備投資（既存事業に関連する追加投資）	・経営危機の際の資金繰りの安定化	・新規事業や生産性向上等への取組みや投資	・新しい取組み（新規事業や事業拡大等）や事業の転換（事業再生等）を行うための投資

（2） エクイティ・ファイナンスの有効な活用場面

● エクイティ・ファイナンスは、その特徴から、創業時や新規事業等の現時点で収益化ができていない事業や取組みを進める際に、その資金調達手段として多く活用されています
● また、第三者割当増資によって加わる新たな外部株主から、経営や事業のサポート、ネットワーク等の提供を受けることで、チャレンジングな事業の取組みが成功する確度の向上といった、資金調達以外の効果も期待することができます

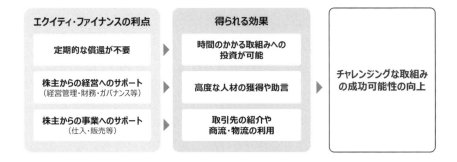

（４）中小事業者によるエクイティ・ファイナンスのポイント

● 事業者の実体験を通して感じるエクイティ・ファイナンス活用の利点や効果については、以下のような点が多くみられます

● なお、活用事例を次頁以降に掲載していますので、併せて参考としてください

	ポイント	概要
1	経営・財務面の支援 （取引銀行からの出資）	・会社の成長時期に取引銀行からの出資を受けた経験を持つ事業者Aは、当時の会社に合わせた経営面や財務面での専門的な助言について高い評価をしている。 ・現在でも、引き続き取引銀行が株式を保有しており、安定的な銀行取引が実現している。 ・加えて、株主という関係は経営上のリスクを共有していることから、他行からの取引提案に関しても安心して相談することができる関係が構築されている。
2	専門人材の供給	・地方の中小事業者は財務面での専門人材の雇用が容易ではない場合が多いが、事業者Bは取引銀行からの出資を受けたことによって、月次報告を通して、経営や財務での専門的な助言を受けており、配当金以上のメリットを感じると評価している。 ・取引先である大企業から出資を受けた事業者Cは、自社では採用が難しかった財務や経営管理の専門人材を出資先から受け入れることができ、経営管理が強化された。
3	財務体質の改善	・事業者Dは、取引先より新規事業に必要な資金をエクイティ・ファイナンスにより調達した。 ・研究開発や新規事業におけるエクイティ・ファイナンスの活用は、資金繰りに追われる心配が少ないことが大きなメリットであると感じ、過去実施した取組みのために調達した借入金についても、段階的にエクイティ・ファイナンスに切り替えた。

　以上、中小企業も、このエクイティファイナンスのメリットを認識すれば、資金調達のツールとして活用が広がって来ると思われます。ただし、出資者や金融機関に対する、自社の情報開示の責務も大きくなります。従来の金融機関に対する情報開示に比べて、その内容は質・量ともに大きくなり、認定支援機関やコンサルタントの支援の範囲も広がります。ちなみに、金融機関の返済猶予先に対する情報開示のプレッシャーも高まり、認定支援機関などの役割も増えるものと思われます。

4 中小企業経営者への認定支援機関の アドバイスの効果

　資金調達を俯瞰すれば、本章の1と2については、事業ファイナンス（プロジェクトファイナンス）の色彩が強く、その借入代わり金が投入した後のキャッシュフローをトレースすれば、その借入れの返済確率が見えてきます。経営者としては、その借入れのキャッシュフローよりも、企業全体の業況に注視するべきであり、企業の業況が順調に進行するこ

とを、金融機関に聞かれた時点で報告することでよいと思います。認定支援機関やコンサルタントとしては、経営者に対して、決算報告書に基づく業績説明と、資金繰り実績予想表と試算表の説明についてのアドバイス程度でよいと思います。

しかし、本章の3に対しては、自社の実態や将来、全体に対して、金融機関に資料などを作成して詳しく説明する必要があります。事業性評価融資は、融資関連の情報ばかりではなく、企業全体の業況や企業自体のメリット・強みなどを資料化して報告する必要があり、経営全般についてのヒアリングも想定されます。経営者と支店長や融資担当者などとの対話も要求されることもあります。事業性評価融資は、認定支援機関やコンサルタントが経営者に的確なアドバイスを行うことで、資金調達が可能になることになります。

エクイティファイナンスは、経営者が主役となる資金調達ですので、経営理念、取締役会、情報開示などの企業経営について、その資料作成や出資者との対話が重要になります。このガイドラインが、後段で述べるコーポレートガバナンス・コードになります。

なお、認定支援機関としては、企業の内部管理や内部統制の機能について、経営者への支援が欠かせないと思います。

3. 投資契約書のひな形について

中小企業者がエクイティ・ファイナンスを利用する典型的なシチュエーションを前提にした、

- 株式引受契約:会社が発行する株式を出資者がその対価(金銭)を払い込むことによって、株式を引受(取得)すること、および、その条件を定めた契約
- 発行要領:「株式引受契約」の条件のもとで発行される株式の具体的な内容(募集株式の総数、1株あたりの払込金額、払込金額の総額、付与される権利等)について定めた書類

のひな形を作成しております。

- 資料1:第一章　中小事業者のエクイティ・ファイナンス(PDF形式:1,493KB) 📄
- 資料2:第二章　株式評価・出資者の投資回収(PDF形式:1,161KB) 📄
- 資料3:第三章　株式の種類・増資の手続き(PDF形式:1,120KB) 📄
- 資料4:投資契約書のひな形　解説資料(PDF形式:606KB) 📄
- 資料5:株式引受契約(WORD形式:66KB) 📄
- 資料6:別紙Ⅰ_発行要項および定款変更(WORD形式:33KB) 📄
- 資料7:別紙Ⅱ_総数引受契約(WORD形式:26KB) 📄
- 資料8:別紙Ⅲ_表明保証、事前承諾事項、事前・事後承諾事項(WORD形式:35KB) 📄

※本資料は、中小企業庁金融課による、株式会社三菱総合研究所に対する委託調査「令和3年度中小企業実態調査事業　中小企業に対する直接金融に係る調査」の結果に基づくものです。
※第三章および投資契約書のひな形については、渥美坂井法律事務所・外国法共同事業の濱須伸太郎弁護士(シニアパートナー)と水上高佑弁護士(シニアパートナー)による全面的な支援のもと作成しております。

　　上記の「投資契約書のひな型について」は、事務手続きばかりではなく、エクイティファイナンスの理解を深めることにもなります。

第4章

経営者への
行政機関対応に関する助言

認定支援機関は、中小企業に対して専門性の高い支援事業を行う機関であることから、中小企業庁が「中小企業白書」とともに毎年公表している「年度の中小企業施策」については、積極的に支援する必要があります。

　令和4年度の中小企業施策の目次は以下のとおりです。この中小企業施策について、個々の認定支援機関のメンバーは、すべてを把握して、いつでも支援することが理想と言えますが、この支援内容は、毎年度、変更があります。個々の中小企業に対して、この施策の細目まで把握し、その内容に沿って支援することは、実際、難しいものです。そこで、認定支援機関としては、ここに書かれた第1章から第7章までの、プリンシプル（原則）を把握して、個々の中小企業に沿って、臨機応変にて柔軟な支援を行うことが、重要です。

目次

令和4年度において講じようとする中小企業施策

第
4
章

経営者への
行政機関対応に関する助言

　認定支援機関にとっては、以下の第1～7章の概要の把握と、そのコメントを通読して、それぞれの顧問先中小企業の事情に沿った支援を行うことを期待します。

　なお、令和5年度以降、中小企業施策は改訂されると思われますが、そのプリンシプルについては、大きな変化はないものと思われます。

1）概要

第1章 新型コロナウイルス感染症対策

長期化するコロナ禍の影響により厳しい業況にある中小企業・小規模事業者等が足下で必要とする資金繰りなど必要な支援に引き続き万全を期すとともに、安全・安心を確保した社会経済活動の再開に向けた施策を実施する。

【主な施策】

中小企業活性化パッケージ

年度をまたいだ中小企業の事業継続を後押しするコロナ資金繰り支援の継続や、増大する債務に苦しむ中小企業の収益力改善・事業再生・再チャレンジを促すため、「中小企業活性化パッケージ」を策定。

Ⅰ．コロナ資金繰り支援の継続	
年度末の資金需要への対応	**来年度以降の資金需要への対応**
①年度末の事業者の資金繰り支援等のための金融機関との意見交換・要請 → 年度末の資金繰り支援等の徹底について、内閣府特命担当大臣（金融）及び経済産業大臣より金融機関に要請。	**①実質無利子・無担保融資、危機対応融資の継続等** → 新型コロナウイルス感染症の影響を受けて業況が悪化している事業者に対する実質無利子・無担保融資、危機対応融資（*）の期限を延長【21年度末まで→22年6月末まで】 ・（*）商工中金の実質無利子融資による新規・資本性劣後融資等 ・返済負担を軽減するための融資期間の延長【運転資金15年→20年】
②セーフティネット保証4号の期限延長 → 一般枠（上限2.8億円、80%保証）に上乗せとなる別枠保証（上限2.8億円、100%保証）の期限を延長【22年3月1日まで→22年6月1日まで】	**②日本政策金融公庫の資本性劣後ローンの継続** → 民間金融機関でとりなすことのできる日本政策金融公庫の資本性劣後ローン（最大20年元本据置、上限最大10億）を継続【22年度末まで】
	③納税や社会保険料支払いの猶予制度の積極活用・柔軟な運用 → 納税緩和制度に基づく猶予及び社会保険料の支払猶予制度（延滞税や延滞金を0.9%に軽減）の柔軟な運用（原則担保不要、口頭での事情説明も可など）を継続

Ⅱ．中小企業の収益力改善・事業再生・再チャレンジの総合的支援		
収益力改善フェーズ	**事業再生フェーズ**	**再チャレンジフェーズ**
①認定支援機関による伴走支援の強化 → 収益力改善に向けた計画策定に加え、認定支援機関による計画実行状況のフォローアップや助言等を強化【22年4月～】	**①中小機構が最大8割出資する再生ファンドの拡充** → コロナの影響が大きい業種（宿泊、飲食等）を重点支援する ファンドの組成、ファンド空白地域の解消を促進 【順次】	**①経営者の個人破産回避のルール明確化** → 個人破産回避に向け、「経営者保証ガイドライン」に基づく保証債務整理の申出を受けた場合には、金融機関が誠実に対応するとの考え方を明確化【21年度中】
②協議会による収益力改善支援の強化 → ポストコロナを見据え、中小企業再生支援協議会において、コロナ禍で緊急的に実施している特例リスケ支援を収益力改善支援にシフト【22年4月～】	**②事業再構築補助金（「回復・再生応援枠」）を創設** → 再生事業者が優先採択される枠を創設し、収益力の向上を促進【22年春頃～】 ・補助率3/4(中型2/3) ・補助上限額：従業員規模に応じ500万～1500万円	**②再チャレンジに向けた支援の強化** → 経営者の再チャレンジに向け、中小機構の人材支援事業を廃業後の経営者に拡大【22年4月～】 → 中小機構において、廃業後の再チャレンジに向けた専門家支援を展開【順次】 → 公庫の再チャレンジ支援融資を拡充【22年2月～】
	③中小企業の事業再生等のガイドラインの策定 （経営者退任原則、債務超過解消年数要件等の緩和） → 数百人規模の民間専門家（弁護士等）を活用し支援 → ガイドラインに基づく計画策定費用の支援制度を創設 【22年4月～】	

収益力改善・事業再生・再チャレンジを一元的に支援する体制の構築
→ 全国47都道府県にある中小企業再生支援協議会を関連機関と統合し、収益力改善・事業再生・再チャレンジを一元的に支援する「中小企業活性化協議会」を設置。 → 中小企業活性化協議会がハブとなって金融機関、民間専門家、各種支援機関とも連携し、苦しむ中小企業の収益力改善・事業再生・再チャレンジを地域全体で推進。

参考図書：『コロナ危機に打ち勝つ中小企業の新しい資金調達』（中村中著、2020年10月、ビジネス教育出版社）……コロナ禍における三密防止、テレワーク・デジタル改革、医療改革の資金調達対策や、複数金融機関・メイン行取引対策また返済猶予対策について記載しています。

2）コメント

　コロナ禍で、ビジネス界の考え方が大きく変わりました。自社の周り
も会社内部も、街の景色も変化しています。

　密集・密接・密閉を避ける「三密防止」のため、業界によっては、手
元の資金はどんどん消えていき、国からの給付金や補助金で支えるしか
なくなりました。このことが、上記の「中小企業活性化パッケージ」の
「Ⅰ．コロナ資金繰り支援の継続」に述べられています。

　また、新型コロナウイルスは、近年の進んだ都市化と人的交流が活発
化した経済社会の盲点を突きました。感染症への医療体制の防衛は、社
会構造の変化をもたらすことになっています。

　ただし、テレワークの浸透で、中小企業経営者のデジタルデータ化の
意識改革が、急速に進みました。かつては、インターネットやホームペ
ージは、高齢の経営者は受け入れませんでしたが、今では、多くの企業
において、共生しています。

　「中小企業活性化パッケージ」の「Ⅱ．中小企業の収益力改善・事業再
生・再チャレンジの総合的支援」では、次の「収益力改善・事業再生・
再チャレンジを一元的に支援する体制の構築」につなぐことになり、ウ
ィズコロナ・ポストコロナの新しい展望を述べています。経営者は、新
型コロナウイルス感染症対策として最悪のケースを想定すると同時に、
明るい前向きな発想を持たなければなりません。

　認定支援機関やコンサルタントとしては、「中小企業活性化パッケー
ジ」の「コロナ資金繰り支援の継続」の助言・相談を行う時であっても、
合わせて、以下の「中小企業の収益力改善・事業再生・再チャレンジの
総合的支援」や次の「収益力改善・事業再生・再チャレンジを一元的に
支援する体制の構築」についての対話を進めることが重要です。

　なお、「中小企業活性化パッケージ」の導入前後において、認定支援機
関の当該企業の新しいビジネスモデル、内部組織の再編、顧客動向、競
争上の優位性、モニタリング体制の構築には注視する必要があります。

1）概要

第2章　事業再構築、事業承継・引継ぎ・再生等の支援

新分野展開や業態転換等の果敢な取組を支援する事業再構築補助金を積み増し、新たにグリーン成長枠を設け、売上高減少要件を撤廃するなど、中小事業者等の新たな挑戦を強力に支援するとともに、事業承継・引継ぎ・再生を推し進める。

【主な施策】

事業再構築補助金【令和3年度補正：6,123億円】

コロナの影響を大きく受けながらも新分野展開、業態転換等の「事業再構築」に挑戦する中小企業等を支援。特に、グリーン成長戦略「実行計画」14分野の課題の解決に資する取組を行う事業者に対しては、売上高減少要件を撤廃した上で補助上限額を引き上げた「グリーン成長枠」を新設している。

グリーン成長枠の想定活用事例

自動車部品製造

・ガソリン車向けのバッテリーボックス（バッテリーの温度変化を抑制する部品）を製造する事業者。低炭素社会への対応が求められる中、EV用部品市場への参入を検討。

新分野展開

断熱性を高める研究開発を行い、**電気自動車のセル電池間の熱伝導を防止する、リチウムイオンバッテリーの断熱材を新たに製造**。
断熱性の向上により、従来製品より長寿命化も可能となり、昨今の電気自動車市場の拡大を受け、大量生産による低価格化にも取り組む。

ガソリン車向け部品

補助経費の例：
事業圧縮にかかる**設備撤去**の費用、研究開発のための**新規設備導入**にかかる費用　など

電気自動車向け部品

情報サービス業

・**ニュースアプリの運営を行っている事業者。**
顧客情報が蓄積されており、情報を有効活用できる新規事業を検討。

新分野展開

日々の生活における行動情報等からCO_2に関する消費情報を計測・集約・解析し、どうすればCO_2の排出が減らせるか提案するアプリを作成。
作成にあたっては、環境の専門家に従業員の研修やアプリ内容の監修を依頼。
企業・個人に広く販売し、温室効果ガス削減に取り組む企業・個人をサポートしていく。

ニュースアプリ運営

補助経費の例：
アプリデザインの外注にかかる費用、
システム開発のための**専用ソフトウェア購入**にかかる費用
従業員に**研修を受けさせるための費用**　など

個人向け　　　　企業向け
CO_2削減に資するアプリの開発・運営

中小企業再生支援・事業承継総合支援事業【令和4年度当初：157.7億円】

中小企業活性化協議会や事業承継・引継ぎ支援センターを通じて、中小企業の円滑な再生・事業承継を総合的に支援。

事業承継・引継ぎ支援事業【令和4年度当初：16.3億円】

事業承継・引継ぎ（M&A）に伴う設備投資等の取組や、引継ぎ（M&A）時の専門家活用費等を支援。

2）コメント

　事業再構築、事業承継・引継ぎ・再生等の支援を受ける企業経営者の多くは、経営者自身の意思決定でその申請をしているようですが、これらの案件はいずれも、企業の重大案件です。事業再構築は、新分野展開、事業転換、業種転換、業態転換、事業再編の手法を導入しますが、企業経営にとっては、どれもビジネスモデルや内部組織また顧客動向を動かす大転換です。事業承継・引継ぎ・再生等は代表取締役の交代などを伴うことです。

　会社法においても、取締役会の決定が必須になります。

　これらの案件に伴う事業再構築補助金や中小企業再生支援・事業承継総合支援事業また事業承継・引継ぎ支援事業の行政機関への申請については、代表取締役の意思決定だけではなく、後継者を含めた経営幹部の合意・承認を必ず取る必要があります。経営者のワンマン経営に託し、すべての取締役の協力を得ないままに、申請書の作成作業に入ってしまうことは、企業経営としては、将来大きな問題を残します。

　もしも、経営者から認定支援機関やコンサルタントにこれらの相談があった場合は、合議制の取締役会での意思決定を行うことを勧めて、じっくり対話を行う必要があります。これほど大きな経営転換を行う場合は、経営者や経営幹部だけで決めることでも、不都合が生じる可能性があり、多くの役職員全員の協力が必要になります。

　補助金申請などは、自社だけでは申請書類の作成が難しく、多くは、認定支援機関やコンサルタントに指導や支援を依頼します。その時の、認定支援機関やコンサルタントは、その申請書の策定を前に、経営者とじっくり対話を行い、その作成途中であっても、密な情報交換が欠かせません。

　企業経営者の中には、日常の営業活動に力点を置いて、企業の経営理念や長期方針は専門家に委ねようとする方もいますが、認定支援機関やコンサルタントは、企業の経営理念や長期方針などについては、経営者

の責任でしっかり作成することを再確認することが大切です。

「事業再構築補助金の申請書」などでは、企業の経営理念や長期方針また内部統制・管理などの記載を求めていますので、認定支援機関やコンサルタントとしても、経営者自身が、対話やその申請書の作成作業にも関わることを、入念するべきです。

参考図書：『事業再構築補助金とDXによる経営革新』（中村中著、2022年3月、ビジネス教育出版社）……事業再構築の具体的手法や企業再生後に必要なDX手法を詳しく記載しています。
参考図書：『取締役会が機能すれば 中小企業の経営力は上がる 〜「事業再構築補助金」が内部統制と生産性向上を促す』（中村中著、2022年12月、ビジネス教育出版社）……事業再構築手法の社内徹底法や事業承継・引継ぎの交渉について取締役会を活用する具体的シナリオを紹介し、中小企業に役立つ取締役会の実例を述べています。

3　生産性向上による成長促進

1）概要

第3章　生産性向上による成長促進

コロナの影響の長期化への対応や賃上げ原資の確保等のため、生産性革命補助金を通じ、設備投資・販路開拓・IT導入等を促進する。グリーン・デジタル分野に挑む事業者に対し、新たに「中小企業グリーン・デジタル投資加速化パッケージ」として特別枠を設けて設備投資等を支援する。引き続き、研究開発促進・海外進出支援・DX等も含め、生産性の向上を図っていく。

【主な施策】

中小企業生産性革命推進事業【令和3年度補正：2,001億円】

設備投資、販路開拓、ITの導入等を補助するなど、中小企業等の生産性向上に資する継続的な支援を実施。現行の通常枠の一部見直しを行うとともに、「ものづくり補助金」については、グリーン・デジタルに係る投資に対応する特別枠を創設するなど、成長投資の加速化と事業環境変化への対応を支援する。
また、事業承継・引継ぎ補助金を新たに追加し、中小企業の生産性向上や円滑な事業承継・引継ぎを一層強力に推進する。

飲食・小売業 ──【デジタル枠】──

・飲食・小売店と食品製造工場を所有。店舗に**需要予測システムを導入**することで、販売機会損失と廃棄量を削減。**新製品開発**とあわせて、工場の製造ラインに**AIを活用した不良品検知のシステムを導入**し、生産性と付加価値の向上を目指す。

システム構築、機械装置の導入等
廃棄量削減等によるコストダウン
新製品の事業化

補助対象経費の例：
・AIを活用した**システム構築**に要する費用
・**新製品開発**のための**機械装置**に要する費用
・需要予測システムに係る**クラウドサービス利用費**

製造業 ──【グリーン枠】──

・脱炭素化に寄与する設備・システムを導入するとともに、電気自動車向け部品を製造するための**機械装置**を導入することで、生産工程の脱炭素化と付加価値向上の両立を目指す。

設備投資
炭素生産性の向上
生産プロセス改善、生産行程の脱炭素化

補助対象経費の例：
・**専門家による技術導入**に要する費用。
・脱炭素化に寄与する**システム構築**に要する費用。
・エネルギー効率に優れた**機械**を導入する費用。

※単にソーラーパネル等を導入して売電を行うような事業や、既存設備の更新・改修は補助対象になりません。

成長型中小企業等研究開発支援事業(Go-Tech事業)
【令和4年度当初：104.9億円】

中小企業が大学等と連携して行う、研究開発やAI/IoT等の先端技術を用いた革新的なサービスモデル開発等の取組を支援。

（参考）中小企業の前向きな投資を後押しする支援策

● ポストコロナに向けた中小企業の前向きな投資を後押しするため、**「事業再構築補助金」**及び**「生産性革命推進事業」**等の政策措置を導入。

● **最低賃金・賃上げ**や原材料高などの外的環境の変化に即応して政策メニューを機動的に追加するとともに、**グリーン成長・デジタル化などの成長への投資**に対しても力強く支援。

事業再構築補助金

予算総額 1兆8,608億円	令和2年度補正：1兆1,485億円 令和3年度補正：　6,123億円 令和4年度予備費：1,000億円

● **新分野展開、業態転換、事業・業種転換、事業再編**等の中小企業による**意欲的な投資**を支援。

● 第5回公募までで、累計**44,890件を採択**。製造業、宿泊・飲食サービス業、卸売・小売業で全体の5～6割を占める。

類型	通常枠	回復・再生応援枠	最低賃金枠	大規模賃金引上枠	緊急対策枠	グリーン成長枠
補助上限	8,000万円	1,500万円	1,500万円	1億円	4,000万円	中小1億円 中堅1.5億円
補助率（原則）	2/3	3/4	3/4	2/3	3/4	1/2

最低賃金賃上げ　ウクライナ情勢原油価格・物価高騰　グリーン化

生産性革命推進事業

予算総額 9,601億円	令和元年度補正：3,600億円 令和2年度補正：4,000億円 令和3年度補正：2,001億円

● **生産性向上のための設備投資**等を支援。

【ものづくり補助金】

類型	通常枠	回復型賃上げ・雇用拡大枠	デジタル枠	グリーン枠
補助上限	1,250万円	1,250万円	1,250万円	2,000万円
補助率	1/2	2/3	2/3	2/3

⇧ デジタル化・グリーン化

【持続化補助金】

類型	通常枠	賃金引上げ枠	卒業枠・創業枠・後継者支援枠	インボイス枠
補助上限	50万円	200万円	200万円	100万円
補助率	2/3	2/3	2/3	2/3

⇧ 最低賃金・賃上げ

【IT導入補助金】

類型	通常枠	デジタル化基盤導入枠		セキュリティ対策推進枠
補助上限	A類型：150万円 B類型：450万円	会計・ECソフト：50万円	PC・タブレット：10万円 レジ・発券機：20万円	100万円
補助率（原則）	2/3	3/4以内	1/2以内	1/2

⇧ デジタル化

2) コメント

　「第3章 生産性向上による成長施策」は設備投資・販路開拓・IT導入を促進することですが、昨今は、グリーン化・デジタル化がそのリード役になっています。中小企業の生産性を革新する新事業では、グリーン・デジタルの投資に対する特別枠を創設しています。また、事業再構築補助金においてもグリーン成長枠を導入しています。

　中小企業経営者が高齢で、ワンマン経営者であったならば、経営者自身で、ESGやSDGsなどの環境問題やデジタルデータ化やDXの情報収集は、ほとんど不可能に思われます。若手の経営幹部や役職員との合議である取締役会等での情報収集や情報交換が、欠かせないものになります。すなわち、最近のグリーン化・デジタル化の成長要因を企業経営に組み込むには、全役職員が参加する成長促進策が必要になります。経営者が指名したメンバーや部署のみで、成長路線に転換できたとしても、若手の役職員のやる気が加わらなければ、持続可能性のある成長にはならないようです。

　このことは、成長促進策に該当する補助金や税制優遇策が投入できた場合であっても、社内にしっかりしたビジネスモデルや内部組織が構築され、取引先や仕入先とのデジタル・コミュニケーションが出来上がらなければ、持続可能な体制にはならないものと思われます。さらには、成長促進策についてのフォロー・モニタリング体制も必要になります。認定支援機関やコンサルタントは、企業に対してグリーン化・デジタル化施策の導入支援や、その定着体制の支援に努めると同時に、そのフォロー・モニタリング体制の構築支援も必要になります。

　ただし、この成長促進策は時間をかけ、全役職員の納得を得ながら進めなければなりません。そのためには、認定支援機関やコンサルタントは、その企業の担当部署や担当者が既に進めているデジタルデータ化の実態を把握し、担当部署や担当者の部門計画やその実績フォロー、また、計画・実績の差異分析などの管理体制の準備をしておかなければなりま

せん。取締役会が機能しているならば、これらの成長促進策のフォローを、毎月の取締役会で報告し、参加役員全員でチェックすることも可能になります。これらの内部統制の初期段階の体制構築の支援も、認定支援機関やコンサルタントの役割になります。

参考図書：『企業価値向上・DX推進に向けた 中小企業の生産性革命』（中村中著、2021年6月、ビジネス教育出版社）……生産性向上の歴史や定義を確認して、事業生産性と企業生産性の種々の具体策を検討し、今後のデジタルデータ化とガバナンスシステムの生産性向上策を展望します。

 取引環境の改善を始めとする事業環境整備等

1）概要

第4章　取引環境の改善を始めとする事業環境整備等

賃上げが可能な環境の整備にも寄与する「生み出した価値を中小企業・小規模事業者に着実に残す」ため、下請Gメン倍増などの体制強化を実施し、取引環境の改善を図る。加えて、よろず支援拠点・中小企業支援機関による経営相談体制の強化や伴走支援の実施等、中小企業・小規模事業者を取り巻く事業環境の整備を図っていく。

【主な施策】

事業環境変化対応型支援事業【令和3年度補正：130.4億円】

　課題設定型の伴走支援（経営力再構築伴走支援）を全国展開するほか、最低賃金引き上げやインボイス制度導入への対応が求められる中小企業に対し、制度の周知やデジタル化支援・相談等を実施。

下請等中小企業の取引条件の改善　等
【令和3年度補正：8.0億円、令和4年度当初：23.0億円の内数】

1．法律の厳正な執行
(1)**下請代金法**（規制法。下請代金の減額、支払遅延等を禁止。立入検査、改善指導、公取委への措置請求等を実施。）
(2)**下請振興法**（望ましい取引のあり方（振興基準）を策定・公表し、業界に対し指導・助言等を実施。）

2．相談対応・実態把握
(1)全国の**下請Gメン**（全国120名⇒R4年度248名）によるヒアリング（年間約4,000件⇒R4年度約1万件）
(2)全国47都道府県の**下請かけこみ寺**による相談対応（年間約10,000件）

3．業界への働きかけ
(1)**業種別ガイドライン**（19業種）自主行動計画（19業種・52団体）価格交渉促進月間（9月、3月）
(2)取引先との共存共栄を発注側企業の経営者が宣言する**パートナーシップ**構築宣言(6,000社超)

※令和3年12月27日、「パートナーシップによる価値創造のための転嫁円滑化施策パッケージ」を政府全体でとりまとめ（1〜3月を集中取組期間とし、下請代金法や独禁法に基づく取締り強化等に取り組む）。

中小企業向け賃上げ促進税制

雇用者全体の給与や教育訓練費を増加させた中小企業が雇用者全体の給与の増加額の最大40%税額控除可能。

必須要件	追加要件

雇用者全体の給与（給与等支給額）が
前年度比で2.5%以上増加

⇒ 給与増加額の30%を税額控除*

or

雇用者全体の給与（給与等支給額）が
前年度比で1.5%以上増加

⇒ 〃 15%を税額控除*

教育訓練費が
前年度比で10%以上増加

⇒ ＋10%税額控除*

＊控除上限は法人税額の20%

令和4年9月9日
金融庁

「中小企業活性化パッケージ NEXT」を踏まえた事業者支援の徹底について

　官民の金融機関等におかれては、累次にわたる要請等も踏まえ、事業者への資金繰り等の事業者支援と感染拡大防止の両立にご尽力いただいていますことに感謝申し上げます。

　新型コロナウイルス感染症に係る資金繰り等の事業者支援については、令和2年1月以降、2年超にわたり着実に取り組んできた一方で、収益力改善や事業再構築、新分野進出など、前向きな取組への資金需要が増加するなど、必要となる支援にも徐々に変化が見られます。

　こうした中で、経済産業省・金融庁・財務省においては、DX などの前向きな取組に対する資金需要に応えるとともに、ポストコロナへの段階的移行を図りつつ、資金繰り等の事業者支援の継続・拡充を図るため、本年3月に策定・公表した「中小企業活性化パッケージ」の取組を更に加速させた「中小企業活性化パッケージ NEXT」を本年9月8日に新たに策定・公表したところです。

　つきましては、官民の金融機関等における事業者支援の徹底等の観点から、以下の事項について、改めて要請いたしますので、営業担当者をはじめ、貴機関、貴協会会員金融機関等の現場の第一線の職員等まで周知・徹底をお願いいたします。

収益力改善・事業再生・再チャレンジを一元的に支援する体制の構築

→ 全国47都道府県にある中小企業再生支援協議会を関連機関と統合し、収益力改善・事業再生・再チャレンジを一元的に支援する「中小企業活性化協議会」を設置。
→ 中小企業活性化協議会がハブとなって金融機関、民間専門家、各種支援機関とも連携し、苦しむ中小企業の収益力改善・事業再生・再チャレンジを地域全体で推進。

更に加速するための追加措置

○収益力改善支援実務指針の策定
→ 支援機関向けに、収益力改善支援の**実務指針**を策定。経営改善計画策定支援事業と連携し、実効性を確保。

①再生ファンドの組成を促す優先分配スキームの創設
→ 中小機構が出資する再生ファンドについて、民間出資者に優先分配する仕組みの創設。

②再生系サービサーを活用した支援スキームの創設
→ 中小企業活性化協議会との連携による、再生系サービサーを活用した支援スキームの創設。

③金融機関との連携によるREVIC等のファンドの活用促進

○経営者の個人破産回避に向けた取組の促進
→ 再チャレンジのネックとなる個人保証について、個人保証に依存しない融資慣行の確立に向けた施策を本年中にとりまとめ。
→ 融資先の廃業時等に「経営者保証に関するガイドライン」に基づく保証債務整理を行った割合を把握するなど、金融機関に対して、よりきめ細かいフォローアップを行う。

中小企業活性化協議会の機能強化

→ 飲食業・宿泊業支援専門窓口の設置
→ 信用保証協会・中小企業活性化協議会・地方経済産業局の間で連携協定を締結。民間無利子融資先を中心に、収益力改善等を連携して支援。
→ 中小企業活性化協議会（416人体制で稼働中）について、サテライトでの相談対応（17協議会）を行うことで体制を強化。
→ 地域金融機関職員を再生支援のノウハウ習得のため中小企業活性化協議会に派遣するトレーニー制度の拡充。

2）コメント

　第4章の「事業の環境整備」については、認定支援機関やコンサルタントが、経営相談などによって事業環境整備を図るとともに、この環境整備によって生み出した価値を企業サイドに残すことが重要です。この第4章の本文では、企業の外部環境面について、「第1節 取引環境の改善」「第2節 官公需対策」で述べ、内部環境面では、ヒトについての「第3節 人材・雇用対策」と、カネについての「第4節 資金繰り支援」「第6節 財務基盤の強化」、また、経営面では「第5節 経営安定対策」「第8節 経営支援体制の強化」において、その施策が詳しく述べられています。認定支援機関やコンサルタントは、顧問先企業などから、この事業環境整備について聞かれた場合は、自分自身の経験や知見によって、助言や相談を行わなければなりませんが、一方では、「共に考えること」が一つの手法と思われます。また、最近では、上場企業や海外企業との取引で、特に、注意しなければならない課題としては「第7節 人権啓発の促進」があります。この人権問題は、企業経営者等と十分に意見交換をし、「共に考えること」が重要になると思います。

　さらに、この第4章の事業環境整備については、企業の内部統制を考慮することが大切です。内部統制とは、法令順守や社内ルールの徹底などと思われていますが、社内の各部署が、日常業務におけるしきたりや制約事項を見直し、行動に支障が生じないか、また他の部署や他社との関係が円滑に進められるか、など、業務を俯瞰することが大切です。最近では、デジタルデータ化が進んで、情報漏洩やハッカーまた個人情報管理のリスクに注意し、SDGsやESGの普及もあって、ステークホルダーなどへの気配りも重要になっています。やや大きい会社では、取締役会やコンプライアンス委員会などで、内部統制の意見交換を行い、その参加メンバーがそれぞれの職場や現場で、内部統制の意識を高めることが重視されています。それには、社内の各メンバーが内部統制や法令等順守の意識を持って、相互チェックする雰囲気が必要になります。

なお、「事業の環境整備」については、ビジネス業界で注目されている事項については、認定支援機関やコンサルタントとしては、助言や相談をしなければなりません。「下請け等中小企業の取引条件の改善」「中小企業向け賃上げ促進税制」、また、「中小企業活性化パッケージNEXT」などについては、日々、マスコミなどに取り上げられている事業環境の注目案件です。経営者や各部署のリーダーなどは、十分認識して、対応しなければなりませんから、認定支援機関やコンサルタントは、経営者やその幹部に対して、再認識を促す必要があります。

5 災害からの復旧・復興、強靭化

1）概要

第5章 災害からの復旧・復興強靭化

被災地域の中小企業・小規模事業者の事業再建に向けて、資金繰りや工場等の施設復旧を支援する。また、「事業継続力強化計画」の策定を支援するための専門家派遣や「中小企業BCP策定運用指針」の公表等、防災・減災に向けた取組を促進する。

【主な施策】

<u>地方公共団体による地域企業再建支援事業 等【令和3年度補正：127.6億円（合計）】</u>

地域企業再建支援事業においては、再建支援計画に基づき、中小企業等グループ補助金（なりわい再建支援事業）においては、中小企業等グループが作成する復興事業計画に基づき、それぞれ計画実施に必要な施設・設備の復旧に対して支援。

令和3年8月豪雨の被災状況

令和3年福島県沖地震の被災状況

<u>中小企業強靭化対策事業【中小企業基盤整備機構運営費交付金175.9億円の内数】</u>

機構の地域本部等に自然災害等の専門家を配置し、相談体制を整備する他、「事業継続力強化計画」の策定を支援するための専門家派遣等を実施。

2）コメント

　災害は予期しない出来事ですから、迅速な対応が必要になります。

　認定支援機関やコンサルタントとしては、まず、災害の全体状況を見て、緊急対応を行い、その後に、修復策を講じる支援を行います。次に、事業継続計画（business continuity planning：BCP）を立て、損害を最小限に抑え、事業の継続や復旧を図ります。非常事態が発生した場合の対応策をまとめた計画として、コンティンジェンシープラン（緊急時対応計画）もあり、これは、事業継続よりも緊急時の初動計画に力点をおいています。

　損益計算書面で注意することは、突発的に本来の事業活動以外で発生した損失は特別損失で処理できることです。当期限りのもので、継続的に発生する損失ではないことを確認します。一般に、特別損失を計上するには、事実を証明するための証拠が必要で、税務調査の際、証拠がないと特別損失と認められない可能性もあるので、関係書類は保管する必要があります。

　復旧・復興強靱化の対策としては、第5章の本文では、各項目とも細目まで述べられています。認定支援機関やコンサルタントとしては、これらの項目をチェックリストのように活用して、経営者には、的確なアドバイスを行うことが望ましいと思います。

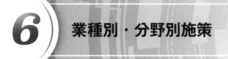

6　業種別・分野別施策

1）概要

第6章　業種別・分野別施策

中小農林水産業、運輸業、建設・不動産業、生活衛生関係営業に携わる事業者を支援する。

2）コメント

　最近の中小企業では、生産性の向上を目指して、業務内容の大きな転換を図ることがあります。ただし、その転換には、必然性があります。事業再構築補助金申請の採択案件（好事例）をみると、補助金申請前から、事業転換・業種転換・業態転換などの兆候が社内にあるのです。生産性を高めるために、他社の成功事例を新たに自社に投入するのではなく、現在の社内の業務分析を行いながら、成長分野に自社の経営資源を傾斜投入するという手法が目立ちます。

　そのためには、「第6章　業種別・分野別施策」の業種別の対策が参考になります。中小農林水産関連企業、中小運輸業、中小建設・不動産業、生活衛生関係営業は、どこの地域でも、昔からの伝統産業であり、地域の企業の従業員は、これらの産業の職務経験を持っていることが多いのです。ここでは、それぞれの業種や分野で20事例を超える中小企業施策を紹介しています。この中小企業施策事例は、新しい事業再構築の対象とも思われます。

　ここの事例ではありませんが、建設業者が、冬に雪道の道路整備を行ったり、田植えの応援を行うこともありますし、農林業者が、冬場の製造業の製造ラインに入ることや、農閑期に地域の観光業者から発注されて土産物づくりを行うこともあります。

　認定支援機関やコンサルタントとしては、この「第6章　業種別・分野別施策」の施策内容を通読して、顧問先企業の経営者と対話を行うことも一策と思われます。顧問先企業の本業や本業以外でも、行政関連業務の応援や申請書作成支援ができるかもしれません。

1）概要

第7章　その他の中小企業施策

中小企業の環境・エネルギー対策や知財財産活動の促進、および実態調査や施策の広報の推進を行う。

【主な施策】

施策の広報

中小企業施策のポイントをまとめたガイドブックやチラシ等を作成する他、「ミラサポplus」を通じて最新の支援情報や補助金の申請のノウハウ、活用事例等を分かりやすくタイムリーに全国の中小企業に届ける。

ミラサポplus

2）コメント

　この「その他の中小企業施策」は、「第１節　環境・エネルギー対策」、「第２節　知的財産活動の促進」、「第３節　標準化の推進」は、中小企業庁の新分野の施策ですが、「第４節　調査・広報の推進」については、中小企業庁が、自ら実践している施策を述べています。

　「第１節　環境・エネルギー対策」については、経営者に、「環境・エネルギー」に絞り込んで対話をするよりは、目下、世界的で話題になっている、国連がリードしているSDGsの17の目標の一環として把握し、経営者と対話をすることをお勧めします。次ページの図は、小学生や中学生も良く知っているSDGsの17の目標の図です。この目標を経営者は十分理解して、ビジネスに反映することを求められています。ただし、この17目標を並べるだけでは、活動の焦点が絞り込めないままになってしまいます。そこで、スウェーデンのヨハン・ロックストローム博士が、「SDGsウェディングケーキモデル」として、17の目標を３つの階層に分

類したモデルを見てください。下から「Biosphere（生物圏）」「Society（社会圏）」「Economy（経済圏）」の順番で積み重ね、頂点に17番目の目標である「パートナーシップで目標を達成しよう」を置くことで、その17目標が明確になります。これで、すべてのSDGsの目標が密接に関わりあっていることもわかります。

　たとえば、「脱炭素・カーボンニュートラルの施策」は、環境エネルギー問題であって、SDGsの17目標の一つであることも明らかになるということです。このようなマクロ的な見方で、「第1節　環境・エネルギー対策」を通読することをお勧めします。

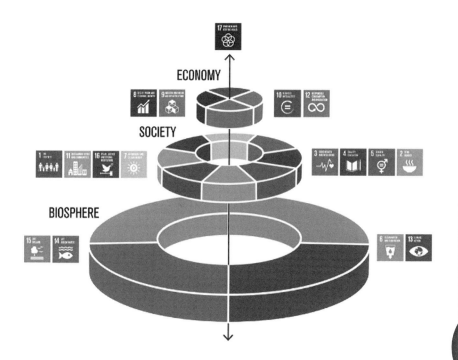

　また、「第2節　知的財産活動の促進」については、この概念が中小企業経営には必ずしも浸透していませんので、ここでは詳しく述べています。従来から、「知的財産立国」ということで、技術、デザイン、ブランドや音楽・映画等のコンテンツといった価値ある「情報づくり」で、我が国経済・社会の再活性化を図るという国家戦略でしたが、近年は、中小企業にもこのビジョンを徹底する動きになっています。

　この情報は、「財産的価値を有する情報」ですが、やはり、情報は、利用されることにより消費されるということではないため、多くの者が同時に利用することができ、容易に模倣されてしまいます。こうしたことから知的財産権制度によって、創作者の権利を保護し、自由に利用することを制限する制度にしています。この「第2節　知的財産活動の促進」では、知的財産権制度を中小企業へ徹底するために、多くの施策を紹介しています。

知的財産の種類

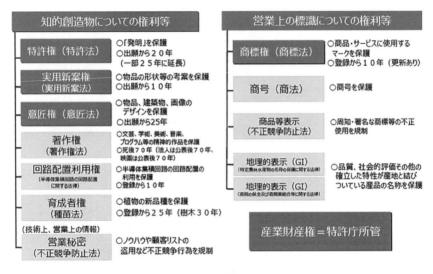

- ※各知的財産権名をクリックすると、関連ウェブサイトへリンクします。
- 産業財産権については、こちらをクリックしてください。
- 2019年度説明会テキスト「知的財産権制度入門」（PDF:46,580KB）は、こちらをご覧ください。

　ただし、この知的財産権よりも、広い意味を持つ、無形資産と知的資産についても、しっかりした認識を中小企業にも徹底するようになってきました。以下は、経済産業省が公表している、「知的財産権、知的財産、知的資産、無形資産の分類イメージ図」です。また、この「第2節　知的財産活動の促進」の項目9の内容も参考にしてください。

知的財産権、知的財産、知的資産、無形資産の分類イメージ図

注）上記の無形資産は、貸借対照表上に計上される無形固定資産と同義ではなく、企業が保有する形の無い経営資源全てと捉えている。

◉ （参考）近畿経済産業局「知的資産経営のすすめ」 ☐

第2節 知的財産活動の促進

9. 知財金融促進事業（中小企業知財経営支援金融機能活用促進事業）
【令和3年度当初予算：1.1億円】
　中小企業の知財を活用した経営を支援するため、知財を切り口と
した事業性評価を行う金融機関に対し、中小企業の知的財産を活用
したビジネスについてわかりやすく説明した「知財ビジネス評価書」
の提供や、経営課題に対する解決策をまとめた「知財ビジネス提案
書」の作成の支援等、知財に着目した融資や経営支援につなげる取
組を行った。

　「知的財産推進計画2022（概要）〜意欲ある個人・プレイヤーが社会の
知財・無形資産をフル活用できる経済社会への変革〜 2022年6月」では、
知財・無形資産について、以下のとおり述べています。

知的財産推進計画2022における基本認識

- コロナ後のデジタル、グリーン成長による経済回復戦略を進める中で企業の知財・無形資産の投資・活用が鍵
- 米国では企業価値の源泉が無形資産に変わる中、日本ではその貢献度が低い
- 知財・無形資産による差別化により、マークアップ率を引き上げることが、成長と分配の好循環のために重要

グローバルな競争環境の変化

■ **技術をいかに機動的かつスピーディーにグローバルに社会実装させるかの"イノベーション・スピード競争"へ**
⇒従来のプレイヤーだけでは対応できず、イノベーション創出のプレイヤーの多様化(個人・スタートアップなど)が急務

■ **デジタル空間の技術パラダイムの転換**
⇒Web3.0時代の到来。日本の豊富なコンテンツを活用してデジタル経済圏を拡大させる機会
⇒メタバース等のデジタル空間における知財の権利保護の在り方の検討が急務

■ **熾烈な技術覇権・国際連携競争と経済安全保障**
⇒国際市場獲得、経済安全保障実現に向け、標準戦略が死活的に重要に

■ **新たな知財"データ"のガバナンスへの関心の高まり**
⇒データ利活用のルール形成を巡る主導権争い

日本のイノベーション競争力の後退

イノベーションのランキングで日本は13位と低い評価
WIPO「グローバル・イノベーション指数2021」 ※2007年は4位
米国3位、英国4位、韓国5位、ドイツ10位、フランス11位、中国12位

企業の市場価値に占める無形資産価値の割合

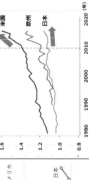

S&P500市場価値の構成要素

NIKKEI225市場価値の構成要素

Tangible Assets　Intangible Assets

企業の研究開発投資額

研究開発投資額(2008年=100)

ドイツ
イギリス
アメリカ
日本

先進国企業のマークアップ率の推移

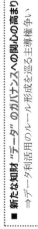
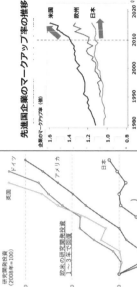

企業のマークアップ率(倍)

米国　欧州　日本

「知的財産推進計画2022（案）」（概要）

> 上図や以下の文章からわかるとおり、日本は、知財・無形資産への投資が圧倒的に不足しています。

２．知財・無形資産の投資・活用促進メカニズムの強化

（現状と課題）
＜コーポレートガバナンスの仕組みの活用＞

　競争力の源泉としての知財・無形資産の重要性が高まっている中、日本は、諸外国に比べて、将来の成長に必要な知財・無形資産への投資が圧倒的に不足している。また、日本企業は、投資家との対話の中で、自社の強みとなる知財・無形資産の価値やこれを活用したビジネスモデルの成長可能性を十分にアピールできておらず、そのことが企業価値低迷の一因となっている面があるのではないかとの指摘がある。このため、企業が知財・無形資産の投資・活用の重要性を認識し、知財・無形資産に対して積極的に投資し、活用することを促すためには、企業がどのような知財・無形資産の投資・活用戦略を構築・実行しているかをより一層見える化し、こうした企業の戦略が投資家や金融機関から適切に評価され、より優れた知財・無形資産の投資・活用戦略を構築・実行している企業の価値が向上し、更なる知財・無形資産への投資に向けた資金の獲得につながるような仕組みを構築することが重要である。

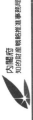

知財・無形資産の投資・活用促進

- 日本企業の知財・無形資産投資が不足。コーポレートガバナンス・コード見直しによる企業の開示・ガバナンス強化に加え、**投資家の役割を明確化**することにより、知財・無形資産の投資・活用を促進

- 中小企業が知財・無形資産を活用した融資を受けられるよう、**事業全体を対象とする担保制度の創設を検討**

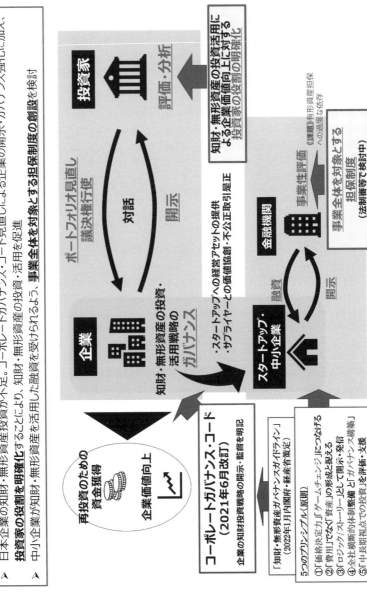

「知的財産推進計画2022（案）」（概要）

> 　知財・無形資産への投資・活用促進には、事業全体への価値が適切
> に評価されることが重要であり、「知財・無形資産ガバナンスガイド
> ライン」（上図の左下に一部記載）や「事業成長担保権（仮称）」また、
> 「経営デザインシート」などのツールが検討されています。

＜中小企業・スタートアップの知財・無形資産の投資・活用＞

　中小企業やスタートアップにとっても、知財・無形資産の投資・活用戦略を構築・実行し、成長のために必要な資金獲得を目指していくことが重要な課題である。このため、中小企業やスタートアップが、担保財産について実態上、有形固定資産が中心になっている現状から解放されて、知財・無形資産とその活用方策を含む事業全体の価値が適切に評価され、投資家や金融機関がより資金を提供しやすい環境を整備することが重要である。

　このため、中小企業・スタートアップにおいても、「知財・無形資産ガバナンスガイドライン」を踏まえ、知財・無形資産の投資・活用戦略を構築・実行し、金融機関との対話を深めていくことが有効である。

　金融機関における事業性評価を支える手段のひとつとして、経営デザインシートを活用した経営戦略の明確化とそれに基づく企業経営者等との対話を行うことなども考えられ、既に経営デザインシートを活用している金融機関も存在する。経営デザインシートは、簡潔な様式を用いて、企業が自己固有の価値観・存在意義を確認し、社会に対して実現したい価値とそれを共創・共有する自他の将来像を明確化し、将来像と従来像とを比較することで現在の戦略を策定することを実践する上で有用である。

　なお、「第3節　標準化の推進」は、「中堅・中小企業等による標準の戦略的活用に向け、引き続き支援を行う。」ということに留めていますが、「標準化」の重要性を強調しています。「第4節　調査・広報の推進」は、中小企業庁自身の活動を述べていますが、認定支援機関やコンサルタントとしては、前述の「ミラサポplus」などは重要な情報源です。

第**4**章　経営者への行政機関対応に関する助言

第5章

経営改善計画と企業の再生・成長の助言

1）経営者にとっての経営改善計画

　中小企業の経営者にとって、経営改善計画の策定は、最も不得意な作業であると思います。自分の予測に沿って、売上やコストの数値を決めることは、経営幹部や部下に対して、経営者自身の実態把握の状況を見せることであり、その数値の論理を説明しなければなりません。この数値によって、経営幹部や部下のやる気を失わせたり、自分の社内の権威を失墜させる可能性が大きいものになってしまいます。そこで、経営改善計画は、経営幹部や部下または認定支援機関あるいは顧問税理士などに策定してもらいたいと思っています。

　このような事情がありますから、認定支援機関が経営者に経営改善計画の策定を依頼する時は、経営者自身が、経営幹部や部下に、その経営改善計画の策定の手順を説明できるように、アドバイスすることが必要になります。そこで、以下では、極めて実務的な内容の説明まで掘り下げて、説明することにします。

　この場合、依頼を受けた認定支援機関としては、経営者に、経営改善計画の基礎から指導する気構えが必要になります。まずは、「一緒に、経営改善計画を策定しましょう」という切り出しの表現から、相互の信頼を深めて、経営改善計画の話を始めることをお勧めします。その後に、経営改善計画の意義や活用法をじっくり話し合いながら、経営幹部や部下が行う策定支援に入ることをお勧めします。

　経営者には、以下の図を示しながら、経営者の考え方を聞いて、実務に進むことにしてはいかがでしょうか。

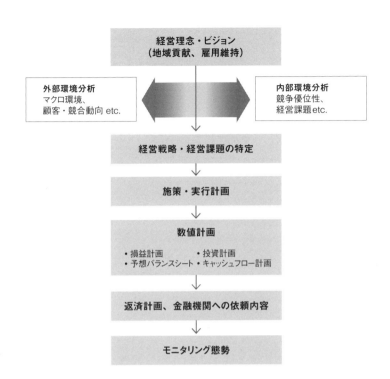

経営理念・ビジョン
（地域貢献、雇用維持）

外部環境分析
マクロ環境、
顧客・競合動向 etc.

内部環境分析
競争優位性、
経営課題etc.

経営戦略・経営課題の特定

施策・実行計画

数値計画
・損益計画　　　　・投資計画
・予想バランスシート・キャッシュフロー計画

返済計画、金融機関への依頼内容

モニタリング態勢

　「経営者の、皆さんには、この内容を聞いているのですが……」という話し方から起こして、「経営改善計画を策定する場合は、経営理念や企業の販売・仕入れ状況などの外部環境や会社の内部組織などの内部環境を教えていただき、その課題などをお聞きしています」というように対話をスタートすると、多くの経営者は、自説を述べてくれるものです。その対話が盛り上がり、質疑応答が一段落したら、経営理念の具体策として、「経営戦略・経営課題の特定」の方向で、ヒアリングを進めます。

　この段階で、経営改善計画策定の全貌が見えて来て、「施策・実行計画」のイメージが浮かび、その「施策・実行計画」に沿った「数値計画」の話の過程に入ると、基本事項（損益計画・投資計画・予想バランスシート・キャッシュフロー計画など）について、経営者の意見が詳しく出てくるものです。もしも、十分なヒアリングができない場合は、このプロセスを繰り返せば、経営者と認定支援機関の経営改善計画に対する考

え方が摺り合ってきます。

　しかし、この企業が金融機関から融資を受けており、その返済負担が大きい場合は、キャッシュフロー計画や債務償還年数の検討などで、「返済計画や金融機関への依頼内容」について、経営者と認定支援機関の意見交換が必要になります。無借金の企業については、純資産の部である資本・エクイティの目途値までの、積上げ年数の検討をすることの意見交換が有効になります。

　ここまで意見交換が進めば、その計画の遂行状況のチェック機能である「モニタリング態勢」の構築イメージを話し合うことも自然の流れになります。そのモニタリング計画の修正作業や内部組織の変更まで話が進めば、経営者と認定支援機関の対話は深まり、相互に充実感を得られると思われます。

2) 経営改善計画の策定による企業の現状把握と健全化

　経営改善計画は、2009年の金融円滑化法以降は、金融機関に提出することが多くなり、最近はコロナ危機で返済猶予中の企業が増加し、金融機関からはこれらの融資に返済を付けるために、機械的に経営改善計画の提出要請が増えているようです。返済猶予先が正常な返済に戻すためには、長期のキャッシュフローを算出し、そのキャッシュフローから無理のない返済を見つけ出すには、経営改善計画が必須になるからです。

　しかし、経営改善計画は、返済猶予先に返済を付けるために作成するものではありません。企業の将来を見極めながら、正常な経営を行うために、販売、製造、仕入れ、雇用などの総合的な方針を固めて、成長に寄与するものです。「企業再生」のために金融機関の喜ぶような、利益の上がる計画を作るのではなく、できるだけ精緻な経営改善計画を作成しなければなりません。どうしても業績が見通せない場合であっても、売上の予想は外部環境分析や経営学理論などの根拠に基づく納得性のある数値予測を行い、費用予想も企業の内部組織の変更やその各組織ごとに

作成されるセグメント計画に裏づけられたコスト削減に沿った計画を、自社の将来のために作成するべきです。

　そのためには、認定支援機関やコンサルタントは、下表の4つのプロセスによって、経営改善計画の作成支援を行うことをお勧めします。経営改善計画策定では、下記①〜④を注意することが望ましいとされています。

プロセス	①発射台固め	②売上・費用・利益の予想	③返済予想	④モニタリング体制
	前年の精査された損益計算（中小企業会計基本要領に準拠・金融機関の資産査定に準拠）	今後5〜10年の売上計画・費用計画（外部・内部環境分析や当該中小企業の強みを加味した予想）	債務償還年数の算出と再生手法の検討、各金融機関交渉を含む複数行調整	作成した計画の予実管理、訪問チェック、ローリングプランなどを作成する体制

　これらの注意点に留意して、数値を仮に入れて作成した「経営改善計画のイメージ」が下表です。特に、売上・費用・利益の予想についてはかなり保守的な数値になっています。

経営改善計画表のイメージ

単位：百万円

	X0年3月期		X1年3月期		X2年3月期		X3年3月期	
	金額	構成比	金額	構成比	金額	構成比	金額	構成比
売上高	7,800	100%	7,800	100%	7,850	100%	7,900	100%
売上原価	5,400	69.23%	5,382	69.00%	5,417	69.00%	5,451	69.00%
売上総利益	2,400	30.77%	2,418	31.00%	2,434	31.00%	2,449	31.00%
販売管理費	2,300	29.49%	2,250	28.85%	2,200	28.03%	2,250	28.48%
（内減価償却費）	200	2.56%	180	2.31%	160	2.04%	140	1.77%
営業利益	100	1.28%	168	2.15%	234	2.97%	199	2.52%
営業外損益	80	1.03%	80	1.03%	80	1.02%	80	1.01%
経常利益	180	2.31%	248	3.18%	314	3.99%	279	3.53%
特別損益	0	0.00%		0.00%		0.00%		0.00%
税引前当期利益	180	2.31%	248	3.18%	314	3.99%	279	3.53%
法人税、住民税及び事業税	72	0.92%	99	1.27%	125	1.59%	112	1.42%
当期利益	108	1.38%	149	1.91%	109	2.40%	167	2.11%

上記の経営改善計画のプロセスについて、経営者と対話をする認定支援機関やコンサルタントの方々に向けて、少し詳しく述べることにします。

①発射台固め

この「X0年3月期」の損益計算は、経営改善計画書の初年度につき、その初年度の貸借対照表（バランスシート）の売掛金・棚卸資産は贅肉を削ぎ落とし、また引当金・減価償却はその金額を十分積み上げて、費用を目一杯計上する必要があります。この操作を行わないと経営改善計画を進めていくにあたり、過去の膿が出てくる可能性が高くなります。

言い方を変えれば、中小会計要領に準じて勘定科目を精査し、引当金の繰入れや償却を実施して、損益を見直すということになります。したがって、最近では、「中小会計指針」「中小会計要領」の適用に関するチェックリストの活用で、この作業を省略することも多くなってきました。

認定支援機関やコンサルタントは、ここでの調整を経営者に説明し、納得してもらう必要があります。

②売上・費用・利益の予想

「X1年3月期」や「X2年3月期」以降の売上は保守的に、また費用は多目に計上することがポイントになります。その売上や費用についての根拠は、定性分析要因の販売力・技術力などが一般的ですが、極力、数値によって具体的に示すことが望ましく、その企業自身が文書で金融機関に提出することが重要です。この売上と費用の根拠については、業績推移原因分析・外部環境分析・内部環境分析などで総合的に予測を行うことが望ましいです。認定支援機関やコンサルタントとしては、売上の予想については、商品別、地域別、担当部署（者）別などの各個別売上予想合計が、全体の数値にほぼ一致しているか、確認しておくことも必要です。

③返済予想

　当期利益と減価償却費を合算した償却前当期利益（営業キャッシュフロー・フリーキャッシュフローなど）から債務償還年数を算出するために、非支出コストである減価償却費は必ず明確にしておくことが必要です。債務償還年数は、最適な返済猶予や再生手法を決めるときの大きな根拠になりますが、その算出には当期利益・減価償却・借入れの勘定科目の数値予測がポイントになります。この経営改善計画では、協融中の各金融機関ごとの返済金額予想までは通常求められませんが、償却前当期利益と毎年の返済累計金額のバランスについては、検討しておく必要があります。

　また、無借金企業では、純資産目途値への積上げ年数の検討を行って、事業再構築や新しい設備投資スタートの時期や規模を決定します。

　多くの経営者は、将来のバランスシートや損益計算書までは注意をしますが、認定支援機関やコンサルタントは、返済や投資資金の源泉であるキャッシュフローまで対話することも必要になります。

④モニタリング体制

　実際は、全体の経営改善計画を作成した後に、新組織への変更などを行いますが、同時に、戦略目標からアクションプランまでの社内メンバーの行動計画も見直します。各部門長や管理者から担当者まで、その行動計画を確認し、PDCAサイクルを回していきます。そして、評価を受けて確認され、課題・問題点の解決が行われることによって、経営の強化につなげていきます。「Plan（計画）⇒ Do（実行）⇒ Check（評価）⇒ Action（改善）」の4段階を繰り返すことによって、このことを実践していくのです。

　また、PDCAで、このモニタリングの内容を繰り返しますと、PからDで、各担当者が計画の内容・役割を理解・認識するよう周知徹底することになり、それぞれの担当者が、責任を持って業務を行うことになり

第5章　経営改善計画と企業の再生・成長の助言

79

ます。

　C（Check）では、計画作成から実績評価するまでの当社の事業活動内容に問題があるのか、その間の外部環境・内部環境に問題があるのか、または計画自体の実現可能性が低いという問題があるのか、などの追求をしていくことです。もしも、満足できる業績に至らなかったならば、新部門等によるセグメント計画の予実の差異に関して、その部門責任者にヒアリングを行い、その原因を明らかにします。評価・確認を通して、各段階で設定された課題・問題点を解決していきます。戦略目標自体の再検討や業績・行動管理指標、アクションプランの再設定も行って、A（Action）を実行し、PDCAサイクルを何回も回していくことがポイントになります。

　経営改善計画を、このモニタリング制度すなわち目標管理制度と連携させ、定量的・定性的な業績・行動管理の指標を設けることが重要になります。この指標によって、部門・事業所別の損益管理（管理会計）の整備、それらと連動した人事評価制度の構築にもつなげることができるからです。透明で客観性がある人事評価制度を設けることによって、従業員の目標達成意欲・モチベーションも高めることが可能になります。これを数値化できれば、一層、評価可能な別の制度に高めることになります。

　近年は、環境変化が大きくまた速くなっていますので、このモニタリング体制の変化が重要になっており、各目標の修正も果敢に実施しなければならなくなっています。認定支援機関やコンサルタントは、一般に、計画の策定支援やその事業推進に注力するものですが、このモニタリング体制のフォローと修正も欠かせません。当初のコンサル契約の時も、経営者に、この点の業務やその手間についても、確認を取っておくことが大切です。

３）金融機関から返済猶予等の支援を受けている企業に対する助言

　金融機関は、縦割り組織であり、即断即決の中小企業の経営者には理解できない意思決定をします。本部審査部や経験を積んだ支店担当者は、返済猶予先に対して正常に返済してもらう原則は、理解しているものと思われますが、その決定内容は納得できないことがあります。

　この正常返済を付与することについて、金融機関独自の論理と手法で行いますから、中小企業の支援者である認定支援機関やコンサルタントは、この金融機関の論理と手法を習得する必要があります。

　認定支援機関・コンサルタントや経営者本人、また、同業者などの意見と異なり、金融機関としては、取引先に対し厳しい結論になることがあります。その企業の業績見通しや資産内容が金融機関として支援できる水準であったとしても、複数の金融機関と取引している企業であれば、他行の意思決定の動向や、メイン銀行の動き、また、金利水準や担保物件や評価などで、その金融機関は、他の金融機関よりも優位な条件を、企業に要求することがあります。その企業を再生するために融資条件を緩和すべきと思ったとしても、他の金融機関が条件の緩和に応じない場合は、自行から進んで、条件緩和に応じることができないこともあります。

　このようなときは、認定支援機関やコンサルタントとして、金融機関やその取引金融機関群に対して、反旗を翻しても、解決しないことになります。

　そこで、認定支援機関やコンサルタントは、「金融円滑化法第４条」に示唆される再生支援策を、金融機関の担当者に囁くことをお勧めします。断定的・高圧的に、その４条を主張しても、金融機関の本部の指示で、目前の担当者が厳しい条件を言っている場合は、担当者として、その結論を変えることができず、本部に再稟議を申請して、承認を取らなければならないからです。その交渉を行う担当者には、顧問先企業の事情を理解してもらって、気持ち良く、再申請書（再稟議）を書くことを依頼し

なければならないからです。金融機関の担当者には、この金融円滑化法第4条の内容や趣旨を丁寧に説明して、この企業の立場で、動いてもらうことが大切です。

　なお、この金融円滑化法第4条の内容は、以下のとおりです。

金融円滑化法第4条　金融機関は、当該金融機関に対して事業資金の貸付け（以下この条において単に「貸付け」という。）に係る債務を有する中小企業者（第2条第2項に規定する中小企業者であって、次の各号のいずれにも該当しないものをいう。以下この条において同じ。）であって、当該債務の弁済に支障を生じており、又は生ずるおそれがあるものから当該債務の弁済に係る負担の軽減の申込みがあった場合には、当該中小企業者の事業についての改善又は再生の可能性その他の状況を勘案しつつ、できる限り、当該貸付けの条件の変更、旧債の借換え、当該中小企業者の株式の取得であって当該債務を消滅させるためにするものその他の当該債務の弁済に係る負担の軽減に資する措置をとるよう努めるものとする。

　このように、金融機関は、返済の緩和の申込みがあった場合は、下線部分の再生手法をその企業に対応することを述べています、すなわち、返済期日の長期化（リスケ：リスケジュール）、旧債務の借換え（債務の一本化・三分法返済）、DDS、債権放棄（第二会社方式）ということです。

　そこで、金融機関の本部・審査部などで窮境企業の再生を目指して使われる、「旧債務の借換え（債務の一本化・三分法返済）」の手法と、債務償還年数による再生手法決定のプロセスを、以下に紹介することにします。

事業再生を目指す企業への手法の決め方

1）「旧債の借換え・債務の一本化」と「返済の三分法」による返済方法の分類

金融機関として再生支援する場合は、各金融機関の複数の借入れを全て「借り換え、一本化」した後に、その債務合計を3つに分類する。

これを、旧債の借換え・債務の一本化を行った後の返済の三分法といい、債務者区分としては、破綻懸念先以下の企業の再生に採用され、主に、金融機関の本部審査部などで実施されている。

この三分法は、その企業の総借入れを「企業経営に必要な回転資金借入れ」「不要不急資産を売却して返済する借入れ」、そして総借入れからその2つの借入れを控除した「根雪資金借入れ」の3つに分ける。

さて、金融機関にとって、再生手法を決定する最も重要な指標は「債務償還年数」である。これは、一般的には、総借入れを営業キャッシュフロー（償却前利益）で除して求めるが、再生手法を決定するための債務償還年数は、「根雪資金借入れ」を営業キャッシュフロー（償却前利益）で除して算出する。また、営業キャッシュフローは一般的に、5～10年のラフな計画書とか将来損益計算書で求められる各年のキャッシュフローの平均値であるが、この平均値を固定的厳しく考えなければならないことでもない。

2）債務償還年数に基づく再生手法

債務償還年数＝［根雪資金借入れ］÷［営業キャッシュフロー（償却前当期利益）］

その債務償還年数と再生支援手法の関係は、下表の通り。

債務償還年数と再生支援手法の目途

債務償還年数	再生の適用手法
約10年以内	リスケジュール（リスケ）
約10〜15年以内	利息の元本組入れ
約15〜25年以内	DES（債務の株式化） DDS（債務の資本性借入化）
約25〜50年以内	債権放棄
約50年超	民事再生・破産適用

　金融機関の企業再生手法は、窮境にある企業に自助努力・自己責任で再生することを促すことである。金融機関としては、返済等の緩和を行いながら、その企業の手元にゆとり資金を確保して、具体的な再生事業を自ら展開してもらうことを期待する。

　上記の「リスケジュール（リスケ）」、「利息の元本組入れ」、「DES（債務の株式化）・DDS（債務の資本性借入化）」、「債権放棄」という私的再生手法は、この順番で、毎月の返済金額を徐々に少なくしていくものであり、その企業のキャッシュアウトする資金を少なくして、手元にゆとり資金を、それなりに確保できることを狙っている。

　この内容を、金融機関の担当者は十分理解して、認定支援機関やコンサルタントに対して説明することによって、金融機関が連携を求める認定支援機関やコンサルタントとの親密な情報交換を期待します。貸し手の金融機関はあくまでも債権者に過ぎず、借り手企業の経営者の了解を得られない限り、突っ込んだ質問もできません。

　一方、認定支援機関やコンサルタントは、経営者との間で、一般的には顧問契約やコンサルティング契約が結ばれていますので、企業に関する細かい内容まで知ることができます。「企業経営に必要な回転資金借入れ」である正常運転資金を算出するためには、売掛債権・在庫・買掛債

務やその勘定科目内の実情・裏側までわかることから正確な数値が出せますし、「不要不急資産を売却して返済する借入れ」についても、不要不急資産の価値や経営者のその資産に対する思い入れまで把握でき、その資産売却時の正確な数値を算出することができることになります。また、根雪借入れや営業キャッシュフローについても、数値に一定の幅の上下調整が認められますから、認定支援機関やコンサルタントは、金融機関担当者よりもその企業の実情に適した数値を算出することもできます。さらに、地域金融機関は、地域全体の情報や歴史、また将来の動きを、より広い立場で理解することができ、一方、認定支援機関やコンサルタントは企業の内部の事情や過去の動きまた将来の展望をより深く理解することが可能になっていますので、その両者の連携によって、企業や地域の発展を促進することができるものと思われます。

　以上が、金融円滑化法第4条に沿った、金融機関担当者への要請ですが、同様な要請について、金融検査マニュアル（平成27年11月）に以下のような文章があります。金融検査マニュアルは、2019年（令和元年）12月に廃止されていますが、以下に書かれた文章の趣旨は現在も残っています。

「金融検査マニュアル・金融円滑化編チェックリスト・Ⅲ、個別の問題点・1、共通」の【与信審査・与信管理】

（ⅹⅶ）債務者から貸付条件の変更等の申込みがあった場合であって、他の金融機関等（政府系金融機関等を含む。）が当該債務者に対して貸付条件の変更等に応じたことが確認できたときは、当該債務者の事業についての改善又は再生の可能性等、当該他の金融機関等が貸付条件の変更等に応じたこと等を勘案しつつ、金融円滑化管理方針等に基づき、貸付条件の変更等に応じるよう適切に対応しているか。

このケースは、顧問先企業が、多くの金融機関と融資条件緩和交渉を行う時に、役立ちます。

　複数の金融機関と取引をしている場合、他の金融機関が足並みを揃えて、条件緩和を認めているにもかかわらず、ある一つの金融機関のみが、その条件緩和を認めないと主張するケースを想定しています。この条件緩和を認めない金融機関は、金融円滑化管理方針等に沿って、条件緩和に応じるよう、金融検査マニュアルは勧奨するということです。

　この金融検査マニュアルの内容は、金融円滑化法第4条と同様に、経営者（顧問先企業）が金融機関交渉する時に、認定支援機関やコンサルタントが知っておくべき情報であって、そのアドバイスに役立ちます。

　ただし、多くの金融機関においては、この金融検査マニュアルや金融円滑化法第4条の趣旨が徹底され、中小企業への柔軟な対応が定着していると思います。しかし、これからポストコロナ・ウィズコロナの動きが始まり、各金融機関が与信管理を高めて、自公庫の返済猶予などの融資の解消に努めるようになると、一部の金融機関では、厳しい顧客対応を採ることも考えられます。認定支援機関やコンサルタントとしては、このような金融機関の動きに対して、顧問先の経営者から相談されることもあるかもしれませんので、上記の情報は覚えておく必要があると思います。

4）経営者の理念・ビジョンへの道筋こそ経営改善計画

　とは言いながら、認定支援機関やコンサルタントとして、注意することがあります。経営者の中には、アドバイスなどの良いとこ取りをする人もいます。経営者は、経営改善計画に対して、「経営者自身が経営改善計画を作成するべきでない」と述べたことを拡大解釈して、面倒な経営改善計画など、自ら関わらないと決め込む人がいます。しかし、経営改善計画は、経営者自身が積極的に策定に関わらなければならないものであり、そうしなければ、効果は出てきません。そして、経営者が自分の

問題として経営改善計画をリードしながら策定している気持ちにならなければなりません。

一方、経営改善計画は、金融機関や行政機関などの外部の機関に歓迎される数値を並べるものとみなして、お化粧をしたバラ色の計画書を作成することもあるようです。これでは、自社のメンバーが真剣に業務に打ち込むことができず、それぞれの部署のセグメント計画も作成できないままに、社内のメンバーに参加意識が欠落してしまいます。

経営改善計画は、経営者の理念・ロマンを確実に実行したり、役職員・従業員の行動原則を定めるなど、本来は、経営者の本音を実現するものです。経営者から、経営改善計画の策定依頼を受けた役職員・従業員また認定支援機関などは、経営者のビジョンや夢をともに叶えることにやりがいを持って、経営改善計画を策定しなければならないと思います。

② 事業再構築補助金申請による成長路線の構築

1) 企業経営者の成長戦略への決断支援

企業経営者が、将来について成長戦略を考えることができるタイミングは、現在にゆとりがあるときです。返済を強く迫られたり、大手取引先が倒産したときは、資金繰りで頭が一杯になり、何も考えられなくなります。返済に目途が立ったり、手元に自由になる資金ができた時、または、経営改善計画が順調に推移している時などに、経営者ならば、将来について考えることができると思います。しかし、その経営者に対して、外部の刺激がない場合は、目先のルーティン業務や現状維持に埋没してしまうかもしれません。

その点、近年話題になっている事業再構築補助金は、経営者に対して成長に向けて思考するきっかけを与えてくれます。特に、将来のことを

考えたいと思っている経営者には、事業再構築の入り口になる新分野展開、事業転換、業種転換、業態転換、事業再編は、成長戦略策定のスタート台になります。この補助金は、経営者の背中を、直接、押してくれるものです。投資のメリットはあるものの、将来の返済負担がありませんから、資金面の縛りが少なく、事業に対する自由な発想を持つことができ、経営の良き刺激になります。たとえば、広告業の場合、チラシ広告からドローンによる写真・映像の広告への変化は業態転換ですが、この企業の社員のスキルが高まり、撮影機器も変化し、資金回収の手法などの経営資源も大きく異なって、「生産性」も「働き方」も変革します。

　一方、金融機関から借り入れる「仕入資金・賞与資金・設備資金」などの融資は、これらの資金使途に関するキャッシュフローは、そのほとんどが１年以内の短期間のキャッシュインによって、資金の還流があるものです。一つの仕入れで、雇用が増加したり、多くの製造工程が増えたり、預金量が増加するなど、ヒト・モノ・カネという経営資源が大きく変わることはありません。金融機関の事業資金融資ならば、１年以内のキャッシュフローで見える資金立替えの融資が大半です。

　したがって、認定支援機関やコンサルタントならば、経営者には成長意欲を持ってもらいたいと思いますので、この事業再構築補助金の活用を強く押すと思います。顧問先などの企業で、返済に目途が立ったり、手元に資金ができた経営者や、経営改善計画を策定して順調に推移している企業トップなどがいたならば、この事業再構築補助金の申請を、一緒にチャレンジすることは、認定支援機関やコンサルタントにとって、有意義であると思います。

2) 事業再構築補助金による成長戦略のスタート

　一般に、経営者が成長を考える場合は、売上の中から成長している分野に、販売スキルのある人材などを投入したり、インセンティブを傾斜配分するかもしれません。しばらく様子を見て、売上増加が流行のせい

か、マーケットの強さなのか、その分野の人材なのか、インセンティブ
であるか、など、よくわからなくなります。マーケット調査や人材チェ
ックを行い、成長分野を見極めたいと思っても、実際は、なかなか見つ
からずに、結局、「もう少し経ってから結論を出すことにしよう」という
ことが多いようです。

　しかし、今回の事業再構築補助金は、成長施策を講じたいと思う経営
者には、刺激的で、良いきっかけになると思います。成長事例の結果を
強く目指すことは求めず、今までとは異なる新しい経営施策を打ち出し、
社内メンバーが納得できる新分野展開、事業転換、業種転換、業態転換、
事業再編などの施策ならば、補助金の投入をしようという行政の支援策
だからです。そのために、申請書は、定型的な様式を定めず、要求する
情報は、以下に示す、公募要領です。ここでは、公募要領の抜粋を示し
ましたが、通読することで、この内容が成長施策のポイントになってい
ることがわかります。

1. 事業の目的

　新型コロナウイルス感染症の影響が長期化し、当面の需要や売上の回復が期待し難い中、ウィ
ズコロナ・ポストコロナの時代の経済社会の変化に対応するために新分野展開、業態転換、事
業・業種転換、事業再編又はこれらの取組を通じた規模の拡大等、思い切った事業再構築に意
欲を有する中小企業等の挑戦を支援することで、日本経済の構造転換を促すことを目的とします。

＜事業再構築の類型＞

① 新分野展開	中小企業等が主たる業種（売上高構成比率の最も高い事業が属する、総務省が定める日本標準産業分類に基づく大分類の産業をいう。以下同じ。）又は主たる事業（売上高構成比率の最も高い事業が属する、総務省が定める日本標準産業分類に基づく中分類以下の産業をいう。以下同じ。）を変更することなく、新たな製品を製造し又は新たな商品若しくはサービスを提供することにより、新たな市場に進出することをいう。
② 事業転換	中小企業等が新たな製品を製造し又は新たな商品若しくはサービスを提供することにより、主たる業種を変更することなく、主たる事業を変更することをいう。
③ 業種転換	中小企業等が新たな製品を製造し又は新たな商品若しくはサービスを提供することにより、主たる業種を変更することをいう。
④ 業態転換	製品又は商品若しくはサービスの製造方法又は提供方法を相当程度変更することをいう。
⑤ 事業再編	会社法上の組織再編行為（合併、会社分割、株式交換、株式移転、事業譲渡）等を行い、新たな事業形態のもとに、新分野展開、事業転換、業種転換又は業態転換のいずれかを行うことをいう。

○ 申請する事業再構築の類型について、事業再構築指針との関連性を説明してください。

1：補助事業の具体的取組内容

① 現在の事業の状況、強み・弱み、機会・脅威、事業環境、事業再構築の必要性、事業再構築の具体的内容（提供する製品・サービス、導入する設備、工事等）、今回の補助事業で実施する新分野展開や業態転換、事業・業種転換等の取組、事業再編又はこれらの取組について具体的に記載してください。

事業実施期間内に投資する建物の建設・改修等の予定、機械装置等の型番、取得時期や技術の導入や専門家の助言、研修等の時期についても、可能な限り詳細なスケジュールを記載してください。
※必要に応じて、図表や写真等を用いて、具体的に記載してください。

② 応募申請する枠（通常枠、大規模賃金引上枠、回復・再生応援枠、最低賃金枠、グリーン成長枠、緊急対策枠）と事業再構築の種類（「事業再編型」、「業態転換型」、「新分野展開型」、「事業転換型」、「業種転換型」）に応じて、「事業再構築指針」に沿った事業計画を作成してください。どの種類の事業再構築の類型に応募するか、どの種類の再構築なのかについて、事業再構築指針とその手引きを確認して、具体的に記載してください。

③ 補助事業を行うことによって、どのように他者、既存事業と差別化し競争力強化が実現するかについて、その方法や仕組み、実施体制など、具体的に記載してください。

④ 既存事業の縮小又は廃止、省人化により、従業員の解雇を伴う場合には、再就職支援の計画等の従業員への適切な配慮の取組について具体的に記載してください。

⑤ 個々の事業者が連携して遂行する事業である場合、又は、代表となる事業者が複数の事業者の取り組みを束ねて一つの事業計画として申請を行う場合は、事業者ごとの取組内容や補助事業における役割等を具体的に記載してください。

2：将来の展望（事業化に向けて想定している市場及び期待される効果）

① 本事業の成果が寄与すると想定している具体的なユーザー、マーケット及び市場規模等について、その成果の価格的・性能的な優位性・収益性や課題やリスクとその解決方法などを記載してください。

② 本事業の成果の事業化見込みについて、目標となる時期・売上規模・量産化時の製品等の価格等について簡潔に記載してください。

③ 必要に応じて図表や写真等を用い、具体的に記載してください。

3：本事業で取得する主な資産

① 本事業により取得する主な資産（単価50万円以上の建物、機械装置・システム等）の名称、分類、取得予定価格等を記載してください。（補助事業実施期間中に、別途、取得財産管理台帳を整備していただきます。）

4：収益計画

① 本事業の実施体制、スケジュール、資金調達計画等について具体的に記載してください。

② 収益計画（表）における「付加価値額」の算出については、算出根拠を記載してください。

③ 収益計画（表）で示された数値は、補助事業終了後も、毎年度の事業化状況等報告等において伸び率の達成状況の確認を行います

実は、民間の金融機関には、企業自体の「成長施策」に軸足をおいた融資はありませんでした。

　民間の金融機関は、一つひとつの事業に対する、キャッシュフローの立替え融資が基本であり、企業自体の多くの事業を合算した、総合的な成長のキャッシュフローの立替え資金ではありません。この事業再構築補助金は、成長のための多くの事業の合計分に対する資金支援です。このことは、上記の「1. 補助事業の具体的取組内容」「2. 将来の展望」から、よくわかりますし、民間の金融機関が求める「試算表」や「資金繰り実績・予想表」の提出は求めていません。

　事業再構築の類型である新分野展開、事業転換、業種転換、業態転換、事業再編の事業は、単体の事業ではなく事業の合体したものです。たとえば、「事業転換」の場合は、「中小企業等が新たな製品を製造し又は新たな商品若しくはサービスを提供することにより、主たる業種を変更することなく、主たる事業を変更すること」と言っていますが、この「事業転換」の中には、仕入資金・賞与資金・設備資金・運転資金の資金ニーズとリターン資金が合体しているのです。

　また、「業種転換」の場合は、「中小企業等が新たな製品を製造し又は新たな商品若しくはサービスを提供することにより、主たる業種を変更すること」となっていますが、これも事業の集積体を表します。

　「業態転換」の場合も同じように、「製品又は商品若しくはサービスの製造方法又は提供方法を相当程度変更すること」で、多くの事業の集積体であったり、企業の役職員の仕事内容の大きな変化、また、人材から生じる付加価値の変化の合算といえるものです。

　したがって、民間の金融機関に比べて、多くの事業の全貌を、補助金の審査担当者に対して情報開示するために、企業として、総合的な情報の提示が必要になるのです。

　総合的な多くの事業を一括して支援する補助金の審査には、「現在の事業の状況、強み・弱み、機会・脅威、事業環境、事業再構築の必要性、

事業再構築の具体的内容（提供する製品・サービス、導入する設備、工事等）」また、「本事業の成果が寄与すると想定している具体的なユーザー、マーケット及び市場規模等について、その成果の価格的・性能的な優位性・収益性や課題やリスクとその解決方法など」の多くの情報が必要になるのです。返済がなく、貸しっぱなしになる資金に対しては、企業としては、審査担当者に、民間の金融機関の融資を超えて、多くの情報を提供し、説明等を行って、納得してもらわなければならないことになります。

　認定支援機関やコンサルタントは、民間の融資とこの事業再構築補助金の資金投入の違いについて、経営者とよく話し合い、情報開示の質・量ともに異なることの理由を対話の中で、十分理解してもらうことが重要です。

3）事業再構築補助金によって成長路線が定着する事例

　近年の金融機関は、取引先の資金繰り支援対策が広がったせいか、「事業性評価融資」がきっかけになったせいか、または、サステナビリティ（持続可能性）風潮の拡大のせいか、企業再生から成長戦略に軸足の踏み替えが目立ってきました。そのために、企業の過去の実績から将来の展望に、部分的な評価から全体の見通しへ、また、形式的な数値よりも実態把握を重視するようにもなっています。生産性についても、個々の部署の生産性から、企業全体の生産性を重視するようになっていますし、知的所有権（特許権・実用新案権など）のみを活用する成長路線よりも、その知的所有権を包含した企業活動全体にわたる知的資産経営（人的資産・組織力・経営理念など）に、力点が置かれるようになっています。このように企業に対する金融機関の融資審査の見方は、全体観を持った将来展望や実態把握が一般的になってきています。

　認定支援機関やコンサルタントの相談・助言もその視点が広がり、事業再構築補助金の補助企業のアクションプランと言える、新分野展開、

事業転換、業種転換、業態転換、事業再編の事業について、総合力や成長力、ステークホルダーへの貢献力が推進のポイントになっています。

　以下に、この事業再構築の新分野展開、事業転換、業種転換、業態転換、事業再編の簡単な事例で、そのコンサルティングの具体例を見ていくことにしたいと思います。

①テレワークスペースへの新分野展開の事例

3－7．新分野展開の要件を満たす例②

【例２】不動産業の場合

都心部の駅前にビジネス客向けの**ウィークリーマンション**を営んでいたが、テレワーク需要の増加を踏まえて、客室の一部を**テレワークスペースや小会議室に改装**するとともに**オフィス機器**を導入し、3年間の事業計画期間終了時点で、**当該レンタルオフィス業の売上高が総売上高の10％以上となる計画を策定**している場合

要件		要件を満たす考え方
製品等の新規性要件	①過去に製造等した実績がないこと	過去同様の**レンタルオフィス業を営んだことがなければ**、要件を満たす。
	②製造等に用いる主要な設備を変更すること	**新たに客室の改装やオフィス機器の導入が必要であり、その費用がかかる**場合には、要件を満たす。
	③定量的に性能又は効能が異なること	ウィークリーマンションとレンタルオフィスでは、提供する**サービスの種類が異なり、定量的に性能又は効能を比較することが難しい**ことを示すことで要件を満たす。
市場の新規性要件	既存製品等と新製品等の代替性が低いこと	新たにレンタルオフィスを始めたことで、ウィークリーマンションの需要が代替され、売上高が減少するといった影響が見込まれないと考えられることを説明することで、要件を満たす。
売上高10％要件	④3～5年間の事業計画期間終了後、新たな製品等の売上高が総売上高の10％以上となる計画を策定すること	3年間の事業計画期間終了後、**レンタルオフィス業の売上高が総売上高の10％以上となる計画を策定**することで要件を満たす。

コンサルティングの具体例

　この事例は、ビジネス客向けのウィークリーマンションの客室の一部をテレワークスペースや小会議室に改装し、オフィス機器を導入したものです。この案件に関して、事業再構築補助金を申請する場合は、テレワークスペースや小会議室に特化した業務を集中的に行うのではなく、従来のウィークリーマンションの客室の一部を改装することから、事業再構築指針の定義の「新分野展開」に該当します。

　この「新分野展開」に対しては、設備改修費や新規ニーズの調査費、テレワーク需要への広告宣伝費などの複数事業に関するコストを上回るキ

ャッシュインが見込める計画を、策定しなければなりません。従業員にも、テレワーク関連の事務スキル習得の研修が必要になります。また、３年後に、このレンタルオフィス業の売上高が総売上高の10％以上にする計画を目指して、そのモニタリング機能を充実しなければなりません。ヒト・モノ・カネの経営資源の配置換えなども、当社としては、実施しなければなりません。これらの複数施策については、個々の施策に対して紐付きのリターンの算出は必要ありませんが、総合的にキャッシュインの見通しはしっかり行うことになります。

　コロナ禍で、都心部の駅前のビジネス客向けのウィークリーマンションに対するニーズは落ち込みましたが、ユーザーである地域の住民は、部屋数の少ない狭い都市型マンションに住んでいますので、テレワークスペースが自宅になく、それを近隣に求めるようになりました。経営者としては、これらの近隣住民のニーズを満たし、テレワークを推進できるようにすることが、当社の社会貢献にもなりますし、「働きがいのある人間らしい仕事」にもなると考えました。また、都心部の自治体では、テレワーク需要に応えるために、都市型マンションやワンルームマンションの一部の部屋をテレワークスペースや小会議室に改装する支援施策を実施することにもなっています。

②焼肉店への事業転換の事例

4－2．事業転換の要件を満たす例

例えば、以下のような場合には、要件を満たすことから、事業転換に該当します。

【例1】飲食サービス業の場合

日本料理店が、換気の徹底によりコロナの感染リスクが低いとされ、足元業績が好調な**焼肉店を新たに開業し**、3年間の事業計画期間終了時点において、**焼肉事業の売上高構成比が、**標準産業分類の細分類ベースで**最も高い事業となる**計画を策定している場合

（参考）日本標準産業分類
【大分類】M宿泊業、飲食サービス業⇒【中分類】76飲食店⇒【小分類】762専門料理店
⇒【細分類】7621日本料理店…7623中華料理店、7624ラーメン店、7625焼肉店…（細分類ベースで事業転換）

要件		要件を満たす考え方
製品等の新規性要件	①過去に製造等した実績がないこと	過去に**焼肉店を営んだことがなければ**、要件を満たす。
	②製造等に用いる主要な設備を変更すること	焼肉店の開業に当たって、**新たに卓上備え付けのロースター等の設備や内装の改装などが必要であり、その費用がかかる**場合には、要件を満たす。
	③定量的に性能又は効能が異なること	日本料理店と焼肉店では、提供する**商品が異なり、定量的に性能又は効能を比較することが難しい**ことを示すことで要件を満たす。
市場の新規性要件	既存製品等と新製品等の代替性が低いこと	例えば、大衆向けとして沖縄料理を提供している日本料理店が、高価格帯の商品を提供する焼肉店を始める場合、**異なる顧客のニーズに応えるもの**であることから、焼肉屋により、日本料理屋の需要が代替され、**売上高が減少するといった影響が見込まれない**と考えられることを説明することで、要件を満たす。
売上高構成比要件	3～5年間の事業計画期間終了後、新たな製品の属する事業が、売上高構成比の最も高い事業となる計画を策定すること	「日本料理店」と「焼肉店」は、**日本標準産業分類の細分類ベースで異なる分類**がなされている。従って、3年間の事業計画期間終了時点において、**焼肉事業の売上高構成比が、日本標準産業分類細分類ベースで最も高くなる計画を策定**していれば、要件を満たすこととなる。

コンサルティングの具体例

　コロナの感染リスクを抑えるためには、当社が経営している日本料理店では、換気の徹底が重要ですが、焼肉店の場合は、卓上備え付けのロースター等の設備があるために換気に関する心配はありません。日本料理店は、周辺企業幹部による顧客等の接待が多いために、コロナ禍での売上は激減しています。一方、焼肉店は近隣住民や中小企業従業員また大学の学生に人気があり、近くに競合する焼肉店はあるものの、今後は、焼肉店への事業転換が先行きが見通せると、経営者は考えました。

　日本料理店の料理人の修行期間は長く、焼肉店への事業転換には抵抗がありますが、料理人としても、この窮境には勝てません。これからは、焼肉店の仕入れルートや顧客層の開拓、店舗の改装、その間の営業対応などの課題もあります。ただし、日本料理店の営業は撤退せずに様子を見ながら続けることから、その両立については、ヒト・モノ・カネの経営資源の配分と教育、また組織管理についても、その課題は残っています。

このような状況下、焼肉店の開業にあたっては、設備投資として、当社は新たに卓上備え付けのロースター等の設備や内装の改装などを行い、日本料理店では、新たに、日本料理のテイクアウトの業務を始めることになりました。経営者としては、「より品質の高い料理を提供し、地域社会に貢献する」という経営理念によって、コロナで業績が振るわなくとも、飲食店はどうしても続けたいと思っています。焼肉店を始めたとしても、日本料理店に客足が戻る可能性も捨てきれず、しばらくの間は、2つの料理で、顧客動向を見て、柔軟に対応したいと思っているのです。

　しかし、事業再構築補助金における事業転換の条件としては、「3～5年間の事業計画期間終了後、新たな製品の属する事業が売上高構成比の最も高い事業となる計画を策定すること」となっており、焼肉店を圧倒的なメインにして、日本料理店の同時営業は、条件に抵触するので、控えなければならないと思うかもしれません。

　このようなときこそ、認定支援機関やコンサルタントと経営者との対話が役に立つと思います。事業再構築補助金の申請書には、「経営者の経営理念や申請企業の現在の事業の状況、その強み・弱み、機会・脅威が書かれており、また、事業環境、事業再構築の必要性、事業再構築の具体的内容（提供する製品・サービス、導入する設備、工事等）」なども、記載することになっています。この記載内容から、「事業転換」の総合的な目的も類推できることになると思います。経営者としては、この補助金申請にあたって、この申請条件に抵触するような内容があった場合は、もう、この補助金の審査は通らないと思うかもしれません。

　このときこそ、認定支援機関やコンサルタントは、経営者と対話を行って、経営理念や今後の当社の方針などについて、補助金審査官と納得し合うために、当社が成長軌道に乗せる理由の説明が必要だと思いました。焼肉店と日本料理店の兼業が必要であり、事業転換の方針に矛盾しないことを申請書に記載することのアドバイスや、その審査担当者との交渉の助言を行うことが必要に思いました。

③データセンター建設への業種転換事例

5-3. 業種転換の要件を満たす例

【例2】製造業の場合

コロナの影響も含め、今後ますますデータ通信量の増大が見込まれる中、生産用機械の**製造業**を営んでいる事業者が、工場を閉鎖し、跡地に**新たにデータセンターを建設**し、5年間の事業計画期間終了時点において、**データセンター事業を含む業種の売上高構成比が最も高くなる**計画を策定している場合。

（参考）日本標準産業分類
【大分類】…E製造業、…G情報通信業…（データセンターは情報通信業）

要件		要件を満たす考え方
製造業等の新規性要件	①過去に製造等した実績がないこと	過去に**データセンター事業**を営んだことがなければ、要件を満たす。
	②製造等に用いる主要な設備を変更すること	データセンターを建設するため、**新たにデータサーバーの購入等が必要であり、その費用がかかる**場合には、要件を満たす。
	③定量的に性能又は効能が異なること	生産用機械とデータセンターは、異なる製品（サービス）であり、**定量的に性能又は効能（強度や軽さ等）を比較することが難しい**ことを示すことで要件を満たす。
市場の新規性要件	既存製品等と新製品等の代替性が低いこと	新たにデータセンター事業を始めたことで、生産用機械の需要が代替され、売上高が減少するといった影響が見込まれないと考えられることを説明することで、要件を満たす。
売上高構成比要件	3～5年間の事業計画期間終了後、新たな製品の属する業種が、売上高構成比の最も高い事業となる計画を策定すること	「生産性機械製造」（製造業）と「データセンター事業」（情報通信業）は、**日本標準産業分類の大分類ベースで異なる分類**がなされている。従って、5年間の事業計画期間終了時点において、**データセンター事業を含む業種の売上高構成比が最も高くなる計画を策定**していれば、要件を満たすこととなる。

コンサルティングの具体例

　コロナ禍でテレワークが注目され、各企業ともデジタルデータ化が進み、今後ますますデータ通信量の増大が見込まれています。当社は、生産用機械の製造業を営んでいましたが、今般、社長が引退することになり、自社工場を閉鎖し、跡地に新工場を立て、長男に事業承継をすることを考えました。しかし、長男は、「父親のワンマン経営を引き継いで、円滑に生産用機械工場の経営を行う自信がない」と言いました。長男は、2年前まで、大手IT企業にいましたので、自分が工場を引き継ぐならば、新たにデータセンターを建設し、業種転換を図りたいとの意向を述べました。

　データセンターは、顧客のサーバー機などのIT機器を設置・収容する場所を提供し、インターネット・空調・災害対策などを行って安定運用できるよう、さまざまなサービスを提供する施設です。サーバーなどのIT機器は場所をとるうえに、常に円滑に機能させるために、設置場所の電源・ネットワーク・温度などの環境を厳重に管理するセンターです。

そのため、このセンターが近くにないと、企業などがたくさんのサーバー機を運用しなければならなくなり、それらをすべて自社の施設内で管理しようとする時は、設置場所や管理負担も大きくなってしまいます。データセンターを利用することで、その負担を軽減するとともに、サーバーの安定した運用ができるようになるのです。

とは言うものの、最近話題になっている「クラウドサービス」を使えば、あえて、データセンターは不要であるとの意見もあります。しかし、データサービスは、「IT機器やネットワークなどを自社で選定できる」「自社構築のため、カスタマイズ性が高い」「障害などが発生した際に、より速やかに対応できる」「コンプライアンス的な問題になりにくい」などのメリットがありますし、このデータセンターは簡単に新規参入もできにくいことから、将来性のある業種と見られています。

そこで、長男は、父親を説得して、データセンターを始めることにしました。サーバー機の運用・ネットワーク管理などは専門性がありますので数人の新規採用は必要ですが、その他の業務については、父親の時代の従業員に、簡単な研修を行えば習得でき、雇用も継続することができることになっています。また、職場の移転も伴わず、労働環境もアップすることから、皆の抵抗はあまりありません。長男の新社長は、この業種転換について、5年間の事業計画を策定して、事業再構築補助金を申請することにしました。

そのためには、事業再構築補助金の業種転換について、日本標準産業分類の【大分類】である「E製造業」から「G情報通信業」（データセンターは情報通信業）へのシフトが必要であり、新しい設備投資や需要開拓の努力、また従業員の採用と研修も行わなければなりません。

認定支援機関やコンサルタントとしては、データセンター建設について、生産用機械の製造業を営んでいた父親と、データセンター業務を手掛ける長男と、別々に対話をしたり、両者を含めて3人で対話をする必

要があると考えました。両者の考え方に食い違いが見られることから、その離齬をなくさなければならないと思いました。認定支援機関としては、企業の生産性を高めようという点では意見が一致していますので、時間軸における見方を一致してもらえば、解決できるという見通しがありました。

　また、この案件は、3,000万円（事業再構築補助金の審査条件の金額）超の補助金額ですから、金融機関のメンバーを加えた対話になると思われます。生産用機械の製造業の工場を取り壊して、その跡地に、データセンターを建設するならば、「その工場の取壊し前」「データセンター建設中」「新設データセンター完成後」の、それぞれの業務内容、資金調達、ヒト・モノ・カネの経営資源配分などの検討やシミュレーションを行わなければなりません。もし、この長男を除いたならば、生産用機械の製造業の社内メンバーでは、このような計画策定の作業を行い、ステークホルダーに説明することは難しいと思いました。認定支援機関やコンサルタントとしては、金融機関との調整もありますので、多くの作業があります。かなり緻密なコンサルティング計画の必要性も感じました。

　データセンターを建設するとしても、「新たにデータサーバーの購入等と簡単な建物の建設が必要であり、この設備投資は事業再構築補助金で賄えば何とかなる」と経営者の一部の方は思うかもしれません。しかし、業種転換ということは、冷静に考えれば、経営資源の入替えや組替えになりますので、いろいろな出来事を乗り越えなければなりません。この内容を箇条書きにして、一つひとつの検討になりますが、事業再構築補助金の申請書に記載する内容は、良きチェックリストになると思いました。事業再構築補助金の審査条件の記載内容では、「現在の事業の状況、強み・弱み、機会・脅威、事業環境、……」などの情報提供をすることですが、これらを深掘りすることは、当社の転換作業に有効であることがわかりました。そして、これらの課題を、現在の当社の各部署のメンバーの日常業務に落とし込んで、相談や助言を行うことが、認定支

援機関やコンサルタントの役割だと思いました。

　しかも、このような大きな「業種転換」になれば、過去の業務内容、現在の役職員の意識やスキル、将来のデータセンター事業への移行状況や外部環境との調和について、十分詰めておく必要があります。同時に、上記の「事業再構築補助金の要件や要件を満たす考え方」についても、当社の大きな動きに取り込んで検討していかなければなりません。たとえば、「市場の新規性要件」の要件の文言「既存製品等と新製品等の代替性が低いこと」の表現を機械的に捉えて、かつての生産用機械の取引先への新事業の売上を手控える必要はありません。新規売上先は、既存先では不可と考える必要はなく、取引内容を詳しく説明すればよいことになると思います。したがって、「既存取引先に新事業のセールスをしてはいけない」と考える必要はありません。確かに、事業再構築補助金の審査文言は一見厳しく見えますが、実態を説明することで、柔軟に対応してくれるものと思います。

　生産用機械の製造業を営んでいた父親の事業は、工場の閉鎖でクローズしますが、その顧客がこのデータセンターの新規の顧客になることも十分見込まれます。その時、この生産用機械の顧客がデータセンターの顧客に代替されるので、この条件に抵触するなどと考えることは不要です。このことは、当社の業種転換の文脈では問題ないことは明らかです。このような不安を解消することも、認定支援機関やコンサルタントとの対話の役割と思います。

　また、5年間の事業計画期間終了時点において、「データセンター事業を含む業種の売上構成比が最も高くなること」という条件も不安と思うかもしれません。データセンター事業を含む業種の売上は、業務委託料や保守サービス料が多く、生産用機械の販売と違って、売上高としては、それほど大きくないかもしれません。しかし、利益水準は上がるものと思われます。当社としては、事業再構築補助金で支援を受けるためには、この要件は守りたいと思っていますので、この点に不安を持つかもしれ

ませんが、全体の文脈では問題ありません。

　さらには、このデータセンター事業は、SDGsの第9目標である「産業と技術革新の基盤をつくろう」というテーマに合っており、行政機関や金融機関また地域の企業などから賛同を得られるものと考えられます。これらのメリットなども、認定支援機関やコンサルタントは、助言することが望ましいと思います。

④ AI・IoT技術などのデジタル技術活用の健康器具製造業者の業態転換事例

6－6．業態転換の要件を満たす例

【例2】製造業の場合

健康器具を製造している製造業者が、コロナの感染リスクを抑えつつ、生産性を向上させることを目的として、**AI・IoT技術などのデジタル技術を活用**して、**製造プロセスの省人化**を進めるとともに、削減が見込まれるコストを投じて**より付加価値の高い健康器具を製造**し、新たな製造方法による売上高が、5年間の事業計画期間終了後、**総売上高の10％以上**を占める計画を策定している場合。

要件		要件を満たす考え方
製造方法等の新規性要件	①過去に同じ方法で製造等していた実績がないこと	過去に、**今回導入しようとしているAI・IoT技術などのデジタル技術を活用した省人化による方法で、製品を製造した実績がない**場合には、要件を満たす。
	②新たな製造方法等に用いる主要な設備を変更すること	省人化のために、**AI・IoT技術などのデジタル技術に関する専用の設備が新たに必要であり、当該設備を導入する**場合には、要件を満たす。
	③定量的に性能又は効能が異なること	新たに導入した製造方法により、**1個当たりの製造コスト等、生産効率がどの程度改善しているか**等を示すことで要件を満たす。
製品の新規性要件	①過去に製造した実績がないこと	新たに製造する健康器具が、**これまでに製造した健康器具と同じ健康器具ではなければ**、要件を満たす。
	②主要な設備を変更すること	新たな健康器具を製造するために、**既存プロセスのコストを抑えるため、省人化に関するAI・IoT技術などのデジタル技術に関する専用の設備が新たに必要であり、当該設備を導入する**場合は要件を満たす。
	③定量的に性能又は効能が異なること	**新たに製造する健康器具と既存の健康器具との性能（健康効果等）の違いを説明する**ことで要件を満たす。
売上高10％要件	3～5年間の事業計画期間終了後、新たな製造方法による売上高が、総売上高の10％以上を占める計画を策定すること	5年間の事業計画期間終了時点において、**新たな製造方法で製造した新たな健康器具が、総売上高の10％以上となる計画を策定**していることで予定を満たす。

コンサルティングの具体例

　健康器具を製造している製造業者が、生産性を向上させるために、AI・IoT技術などのデジタル技術を活用して、製造プロセスの省人化を進めることにしました。この省人化は、コロナの感染リスクを抑えつつ、デジタル技術にて、コストの削減を図り、付加価値の高い健康器具を製造することを目論みました。

　ただし、「製造プロセスの省人化」「デジタル技術にて、コストの削減

を図る」という表現だけでは、「AI・IoT技術などのデジタル技術活用」の導入による製造工程のみの省力化ばかりに見られる心配があります。この省力化は、社内の製造工程の効率化で、販売促進にも直接結びつけることも狙い、省人化で浮かび出たマンパワーを販売促進にシフトし、売上高を増加させます。デジタル技術による製造で品質の改善を図って、販売増加に役立てる等を考えています。

　実際、この健康器具製造において、「AI・IoT技術などのデジタル技術活用」の導入により、今までの製品よりも規格化を進め、利活用の範囲を拡げ、部品を組み立てることの簡易化ができました。また、梱包もデリバリーも容易になって、ユーザーの評判もアップしました。同時に、広告宣伝の効果も上がり、通信販売のルートも開発されています。この製造の省力化・省人化によって、製造担当者の業務内容の多様化が図れ、顧客に対してのパーツ部品や組立て方法のアドバイスができるようになりました。また、自社のホームページのレベルアップで、製造担当者が、直接、情報交換ができるようになり、新規の販路の開発も軌道に乗り、製造部門のモラールアップになっています。最近では、製造部門と営業部門の組織に、製造開発チーム、顧客相談チーム、販路開発チーム、デリバリーチーム、広告宣伝チームなどを加えて、販売力の強化になっています。総合的に見れば、役職員の業務内容の多様化・高度化で、職務内容も変わり、まさに業態転換になっています。すなわち、知的資産経営に結びつけています。

　認定支援機関やコンサルタントは、このような企業努力や成果を、製造部の効率化から企業全体の総合的なレベルアップにつながる、企業生産性や知的資産経営の観点で見直して、経営者と対話をすることが必要です。

　この事例については、新たな製造手法によって、5年間の事業計画期間終了後、総売上高の10％以上を占める計画を策定するという要件に合致すると述べています。また、「過去の製品と性能が異なる」「新規の設

備導入がある」「生産効率がアップする」「省人化に役立つ」とも述べていますが、実際は、企業全体の製造・販売に貢献することですから、認定支援機関やコンサルタントは、その点を力説することも大切です。

⑤事業再編の事例

「事業再編」については、「合併」「会社分割」「株式交換」「株式移転」「事業譲渡」等のいくつかのパターンがありますが、再編企業と再編される被再編企業があります。双方の再編・被再編の企業ともに、事業再構築企業であり、実態は「新分野展開、事業転換、業種転換、業態転換」の4つの類型で理解することができます。

たとえば、以下は、「高齢者向けデイサービス事業等」で事業再編をするケースです。

１０－３．サービス業での活用例（新分野展開）

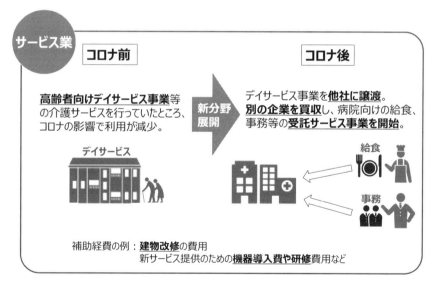

このケースにおけるデイサービス事業は、再編企業として、事業を再構築します。病院向けの給食、事務等の受託サービス事業は、被再編企業として、事業の再構築をします。この事業再構築の実態は「新分野展

開、事業転換、業種転換、業態転換」の４つの類型です。

　認定支援機関やコンサルタントは、被再編の企業サイドで、事業再編の助言・相談を行うとともに、その後については、再編企業と被再編企業のそれぞれの企業内部で、「新分野展開、事業転換、業種転換、業態転換」のアドバイスを行いますが、その考え方や対応は前述のとおりです。

第6章

デジタル改革の助言

1 コロナ禍で中小企業のデジタルデータ化は急速に進んだ

1）中小企業もデジタル競争へ

　コロナ禍により、ビジネスは必ずしもオフィスで行うものではなく、テレワーク等のオンラインで活動することが可能であることが、常識になってきています。若手の経営者の企業では、デジタルデータ化は経営インフラであり、社内組織は柔軟なものと考えており、我が意を得たりと思ったかもしれません。また、トップが高齢者の企業であっても、「私はPCやスマホを使わない」などという発言は、もうできない状況になっています。デジタルデータ化を避けている企業は、淘汰されつつあります。このビジネスの変革は、まさに、デジタル競争とも言えます。

　たとえば、窮境にある飲食業でも、店舗を開けたままにして顧客が来店するのを待つ営業から変わりました。デジタル機器やサービスを充実した飲食業は、そのデジタルプラットフォーム上で営業や販売促進を行い、顧客の指定する場所へ料理を運ぶデリバリーサービスを強化して、決済はレジ会計からスマホなどのデジタル決済へシフトしました。これらの企業は、対面で顧客と会うこともなく、注文したお客様宅のドア前まで、商品を届けて引き渡すように変更しました。こうなると、飲食業やサービスへの評価は、料理そのものの品質（美味しさ）ばかりではなく、注文のわかりやすさ、メニューの選びやすさ、カスタマイズの有無、届けるまでの時間、梱包の綺麗さ・清潔さ・廃棄しやすさ、引渡しのスムーズさなどが重要な項目になってきました。このような店舗は、インターネット上の評価点数や口コミによるランキングを基準に、サービスの見直しを繰り返すと同時に、自社宅配の検討や開始・取りやめの判断を行って、サービスの向上を図っている先も増えてきています。

　同様に、宿泊業においても、宿泊客へのサービス向上のため、従業員

全員にタブレットPCなどを配布して、データ管理として、顧客の宿泊履歴や食事の好き嫌い、アレルギー食品、また観光履歴や利用観光タクシーなどの情報を提供しています。三密防止のため、大浴場やレストラン・ロビーなどの混雑情報、近隣観光地そしてイベント会場の密集情報なども配信しています。宿泊客へのリピートニーズの発掘や知人・友人への好感度の口コミを狙い、実績も上げています。その他にも、コロナ対策として、今まで考えていた種々のネットワークの活用やスマホ戦略を前倒しに実践し、想定外の実績を上げている企業もかなりあります。

2）DX化の企業も増加

このような工夫をすることで、デジタル企業への変革やDX企業に近づくこともできています。DX（デジタルトランスフォーメーション）は、「自社内のデジタル化を進めてから」というような考え方よりも、外部サービス等の有効活用を検討しながら、デジタル革命を進め、成功した企業もあります。上記の飲食店の場合も、デリバリーサービスの強化やレジ会計からスマホなどのデジタル決済にシフトすることは、デジタルプラットフォーム上で営業や販売促進を行うことになり、社内組織も柔軟に変更することになります。

宿泊業の場合も、従業員全員にタブレットPCなどを配布するということは、社内のデータ管理や従業員教育研修の組織を作って、顧客の宿泊履歴や食事の嗜好などのデータ管理業務の強化を図らなければなりません。外部環境変化の激しい現代において、試行錯誤を重ねながら回転率を高め、しかも失敗時の撤退を容易にして、革命的な発想で、成功を掴んだ企業も目立っています。

3）レガシーシステムを乗り越えて

そのようななか、当然、古い基幹システムのビジネス対応のため、新しいデジタルデータ化を妨げるレガシーシステムがありますが、これは、

DXの推進を遅らせてしまいます。家長的な経営者で昔のイエ社会の性格を持つ企業で、高齢なワンマン経営者が導入したシステムや社内ルールに忖度して、新システムの導入や新業務のやり方を提案できないままに、硬直的な経営を続けている企業もあります。

　しかし、このコロナ危機に対しては背水の陣で臨まなければならず、過去を美化するような保守的な考え方に固執してはいられず、若手のデジタル力に任せることで、この窮境を乗り越えている企業もあります。このコロナ危機で、デジタルデータ化を企業のインフラにせざるを得ず、社会ニーズに合ったデジタル経営を始め、組織・人材・ネットワークなどの無形資産・知的資産を組み合わせた知的資産経営を行っている企業も目立っています。時には、将来性のある柔軟な後継者を見つけて、再スタートを切った企業もあります。コロナ禍をきっかけとして、デジタル化に向けた将来に託し、皆の意識を統一して、チャレンジする企業は、おおむね、良い方向に向かっているようです。

　コロナ危機前においては、飲食業や宿泊業は、デジタルデータ化が最も遅れている業界と言われていましたが、生き残っている企業については、この１～２年は、隔世の感です。この動きは、一般の中小企業においても、同様です。

　認定支援機関やコンサルタントは、顧問先中小企業のデジタルデータ化の動きについては、再チェックを行うと同時に、デジタルデータ化をベースにした経営コンサルにシフトしなければ、的を射た相談や助言はできないと思われます。

2 高齢経営者に対するデジタルデータ化への助言

１）高齢者のデジタルデータ化の実情と潜在意識

　認定支援機関やコンサルタントは、高齢の経営者と経営に関する種々の対話を行いますので、高齢者のデジタルデータ化の実情とその潜在意識を把握しておく必要があります。

　さて、経営者が60歳以上の場合、業務・事務の第一線に従事した30〜40年前は、ワープロ・PCが職場に普及し始めた時代でした。手書きの文書を電子化して郵便配信をしていた頃で、デジタル化とはアナログに対するデジタルデータへの置き換えのことでした。これを「Digitization（デジタイゼーション）」と言っています。これらの高齢な経営者は、10年間程度、このデジタル情報への置き換え業務を経験し、その後はデジタル業務を部下に任せて、PCすら自ら操作しないで、指示はするけど手は動かさないままに、今日に至っている人が多いと思います。

　しかし、現在の年齢が40歳から60歳くらいの経営者の大半は自ら操作しています。入社当時から、PCやOS（operating system：オペレーティングシステム）を扱うようになっており、その業務や事務に従事した人々です。その後、経営者になっても、自らデスクにPCを置いて、事業そのものをデジタルで処理し、クラウドも使うような世代になっています。営業業務しか経験しない人でも、外部のインターネット情報や、種々のアプリを使うことに慣れています。これらのデジタル環境を「Digitalization（デジタライゼーション）」といっています。その中でも、時代の流れに敏感な経営者は、既に、この進んだ「Digitalization」に、経営管理の手法を重ねて、種々のデータを自ら収集して、社内の組織や文化を見直し、自ら経営革新を実戦している人も多くいます。この革新的な動きを「DX（Digital Transformation：デジタルトランスフォーメー

ション）」と呼んでいます。この40〜60歳の経営者は、「デジタルデータ化は経営のインフラとみなし、経営は革新を伴い、社内組織は柔軟に動かすもの」と思っています。最近の言葉では、「知的資産経営」とも言っています。以下の図は、左から右に向かってデジタルデータ化の進捗を表しています。

DX（デジタルトランスフォーメーション）用語の整理（タイとタライとDX）

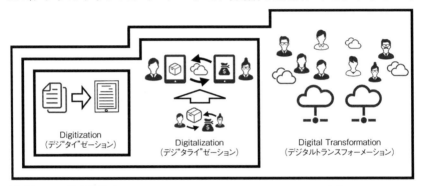

（出典）アアル株式会社（https://aalinc.jp/DX-digiTal-transformation_1-3/）

　既に、40〜60歳の経営者は、DX概念を習得して、組織は指揮命令の受け皿ではなく、情報収集のフレームワークであって、アイデアの検証の場であり、経営ツールとして使いこなしている方々もかなりいます。これらの経営者は「Digitalization（デジタライゼーション）」にDXを包摂させ、DXは「Digitalization（デジタライゼーション）」と一体化しています。

2）経営者のデジタルデータ化意識は混在状況

　もちろん、この世代の経営者でも、デジタルデータ化と距離を置いて、新しいDX概念を理解しないままに、DXと「Digitalization（デジタライゼーション）」を同様に解釈しているケースが大半です。社内の若手が、DXに移行する動きを見せても、ビジネスやシステムで慣れ親しんでいる、ルーティンワークから離れ、混乱することを心配して、古い基幹シ

ステムに執着することが多いかもしれません。この既存のシステムは、確かに、日常業務で頻繁に使用されるものですが、他のシステムやステークホルダーなどの外部システムとの互換性がなく、若手のシステムスキルを生かせないものです。これは、「Legacy System（レガシーシステム）」と言っており、DX移行時には、十分注意しなければならない要件になっています。

　ということで、「デジタルデータ化」と言っても、多くの経営者などにとっては、「Digitization（デジタイゼーション）」「Digitalization（デジタライゼーション）」「DX（Digital Transformation）」そして、昔の「Legacy System（レガシーシステム）」の混在している状況をイメージして、自分が慣れているシステムを指しているようです。

　そこで、認定支援機関やコンサルタントが、新しいシステムや現在のデジタルデータ化の話をするときは、経営者がその混在するデジタルデータ化のどのシステムをイメージしているか、丁寧に話を進めながら、突き止める必要があります。たとえば、「デジタイゼーション」と「デジタライゼーション」と並べて語られることがあります。この場合は、前者がアナログのデジタル化のことを指し、後者が既存のビジネスモデルの変更を含むデジタル化のことを指しているものの、まだまだ、その経営者は、この2つを混同しているようです。自社のビジネスモデルが、「デジタイゼーション」であることを認識してもらった場合は、徐々に「デジタライゼーション」を理解してもらいます。既に、「デジタライゼーション」まで進んでいるならば、「デジタイゼーション」を通過していますから、「DX（デジタルトランスフォーメーション）」のメリットや移行手法の話をすることをお勧めします。最近では、「DX」と「デジタライゼーション」の違いについて、神経質になっている経営者がいますが、このことは、話の前後の文脈で判断してもらえばよいと思います。一般に行われる雑談等では、DXは、ビジネスの現場で幅広い意味に使われ、曖昧な理解になっています。多くの場合は、この「DX」と「デジタライ

ゼーション」は、ほぼ同義と解釈してもよいと思います。

　とは言うものの、認定支援機関やコンサルタントとしては、デジタルデータ化については、「デジタイゼーション」と「デイタライゼーション」また「DX」の概念は、よく理解してもらいたいと思います。これらが、今後の経営のインフラになり、経営革新や社内組織改編にも影響するからです。特に、話の相手が高齢の経営者の場合は、注意が必要です。「自分がデジタルデータ化の卒業生である」と思い込みたいせいか、それ以上に、この分野の話を避ける傾向にあります。認定支援機関やコンサルタントには、時々、若手経営幹部から、「高齢経営者に、デジタルデータ化の重要性を認識させてください」との懇請があります。その時は、高齢経営者に対して、丁寧に、上記のデジタルデータ化の話をすることをお勧めします。

3　デジタルデータ化による経営ツール

1）デジタルデータの4つの分類

①「オペレーションデータ」「コミュニケーションデータ」「マーケティングデータ」「経営データ」

　デジタルデータは、均一であると思っている経営者がいますが、このデータの役割を経営活動の面から分類して、その機能を把握することは重要です。

　中小企業のデジタルデータ化は、経営面で効率化と情報活動また営業活動に分けることができます。それらの活動を統合して、1年間という期間で区切って、経営活動をまとめるデジタルデータ化もあります。これらに関わるデータを名付ければ、「オペレーションデータ」「コミュニケーションデータ」「マーケティングデータ」そして「経営データ」の4

つに分けられます。このようなデータ分類を行うことで、自社の事業活動は、どのような情報で、まとめられているか、を整理することができます。

使用場面別のデータ分類マトリクス

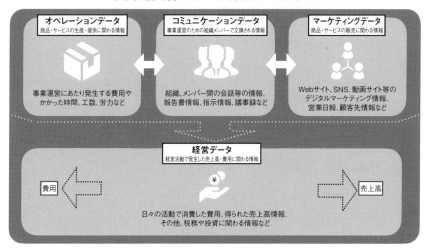

まずは、「オペレーションデータ」ですが、製造業であれば、設備の稼働状況や部品・材料、労務費などの数値の情報です。サービス業ならば、サービスを生産するまでの労務費等の数値を管理するものです。事業運営にあたり発生する費用や時間、工数や労力などのデータのことで、営業活動が活発化したり、事業再構築などの活動によって、このデータは変動します。

次に、「マーケティングデータ」では、商品・サービスの販売にかかる情報で、Webサイト・SNSなどのデジタルマーケット情報や営業日報、顧客日報のデータです。営業担当者の活動内容を日付別、商品別、顧客別などで管理すれば、動態情報が蓄積できます。

その「オペレーションデータ」と「マーケティングデータ」を結びつけるものが中央の「コミュニケーションデータ」です。事業運営・企業経営のために、組織メンバーで交換されるデータです。メンバーの会話

113

情報、報告書、指示書、議事録などのデータのことです。これらのデータは、文字情報や音声情報などの記録や、オンライン会議の録画などがあります。

　これらのデータを、経営活動で発生した売上、費用、利益や、資産、負債、純資産で分け、税務や投資にかかる情報を加えたものを、１年間単位で整理したものが「経営データ」になります。

　このようにデータを分類整理することで、デジタルデータ化の全体像が把握でき、相互の関連やそれぞれのデータにおける濃淡が見え、企業全体の情報・データの実態が見えてきます。

②分類データの利活用法

　データを分類整理し、これを俯瞰することで、経営者や中間管理職の意思決定や行動指針に役立つことになります。

　経営トップとしては、企業の全体像を常に把握し、各部署の強み・弱みを把握し、相互の連関や相乗効果の引上げを図らなければなりません。顧客や社会のニーズを把握するには、「マーケティングデータ」によって中立・冷静にデータを読み取ります。自社の内部態勢は、「オペレーションデータ」を見直し、具体的な活動方針は「コミュニケーションデータ」を分析することが役立ちます。その後に、将来の方向性を定めて、具体的なイメージを出すには、「経営データ」を読み解くことです。前期比、業界他社比、計画比などの指標で、経営の客観情報を得ることができます。

　また、中間管理者であるマネジャークラスは、これらのデータを把握することで部下などのタスク管理ができます。また、現場担当者の業務の進捗状況を客観的に見ることも大切です。プロジェクトや取り掛かっている仕事がどんな状態なのか、その工程管理ができているか、現場従業員の労務管理や人事管理はしっかりとできているか、仕事の負荷が大き過ぎているのではないか、宙ぶらりんの仕事が握りこまれていないか、

社内のコミュニケーションに問題がないか、などの気付きにもなります。同時に、担当者別の情報で、業務に貢献している人材も明らかになります。

　次に、デジタルデータ化を機能面から見ていきますと、「デジタル機器の有効活用と効率化」と「データ分析とデータ利活用の営業活動」の内部と外部の二面性の活動評価ができます。また、デジタルデータ化の進捗状況で概観しますと、仮に、社内がアナログデータ（紙書類、FAX、ハンコ、毎日出社の対面型のコミュニケーション）で満ちている場合は、まずは、日々の経営・事業運営に関わる情報がどのように電子化されているかをデジタイゼーションとして見ていき、次に、デジタライゼーションに視点を移すことになります。このようなプロセスにおいて「オペレーションデータ」「コミュニケーションデータ」「マーケティングデータ」「経営データ」のチェックが有効になります。

　さらに、データの管理面からは、どの時点でデータ入力がされているかを、確認することができます。データが、担当者活動の始めから、デジタルで入力することができるならば、その後の担当者活動について情報管理としての負担もなくなります。再入力作業や転記することなど、人手を煩わすこともなく、経営の状態をスピーディに管理できるデータになります。

　なお、「経営データ」については、「オペレーションデータ」「コミュニケーションデータ」「マーケティングデータ」と違って、昔から多くの会計アプリや税理士などの支援体制が整っているために、そのデータの入力方法から活用法、また評価方法まで揃っているという企業もかなりあります。

　紙帳簿を使っている企業であっても、税理士事務所が数字情報としてデジタルデータに置き換えてくれたり、各部署のデジタルデータを、調整や修正をしてくれることもあります。ただし、このような場合は、自社の事務担当者としては不都合はありませんが、社内の各部署とスピー

ディで円滑な調整や、経営に必要なデータの作成に支障を来すこともあります。

　認定支援機関やコンサルタントとしては、社内のデータ管理について、助言・相談を受けることがありますが、その時は、「オペレーションデータ」「コミュニケーションデータ」「マーケティングデータ」は、事務の効率化や営業情報の利活用の視点、情報漏洩や利益相反の防止、また相乗効果の推進の観点で、データの流れのフォローをすることも大切です。また、既存の事務や営業活動が、レガシーシステムで、支障を起こしていないかも注意してみるべきです。

③オペレーションデータ・コミュニケーションデータとマーケティング　データの利活用事例

　(1)Uber Eatsの各データの利活用事例

　Uberは、乗客や積荷を運ぶ運転手に、料金や条件を決定して、その運賃の分け前を取っていく仕組みです。Uber Eats（ウーバーイーツ）は、そのUberの考え方をベースにして、フードを注文した顧客が、デリバリー担当者から配達を受けるもので、このプラットフォームを運営している企業です。Uber Eats は、顧客が提携している飲食店のメニューから注文すると、顧客の居場所を探知し、現時点で営業している飲食店を表示します。支払いは、Uberに登録されたクレジットカード、デビットカードに対応しています。配達担当者が、料理を車やバイクや徒歩で配達することになっています。

　食品注文者である顧客としては、自分でレストランを見つけ、Uber Eats アプリを通じて注文を行い、Uber プラットフォームを使用する配達担当者は、レストランから注文を受け取り、顧客に届けます。

Uber Eatsの注文ダッシュボード

注文の管理画面

配達員の管理画面

商品在庫の調整画面

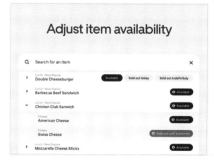

サポートとの連携画面

（出典）App Store Preview『Uber Eats Orders』（https://www.apple.com/jp/app-store/）

　このUberプラットフォームは、食品顧客や配達担当者の「マーケティングデータ」を、「注文の管理画面」や「商品在庫の調整画面」の「オペレーションデータ」で処理しながら、両者の「コミュニケーションデータ」で食品顧客や配達担当者を結びつけます。

　支払いは、Uberに登録されたクレジットカード、デビットカードで対応し、後日に配達担当者に支払い、Uber Eatsの収益を確定します。これは、「経営データ」の活用ということです。まさに、このUberプラットフォームが、「オペレーションデータ」「コミュニケーションデータ」「マーケティングデータ」「経営データ」を利活用しているということです。

　このデータの利活用は、中小企業の経営者にとって、有難い経営情

報になります。仕入先・販売先のデータが、製造・在庫・デリバリーデータに直結し、資金決済やイレギュラー処理を組み合わすことができれば、デジタルデータ化による経営革新です。認定支援機関やコンサルタントにとっても、経営者との貴重な対話のテーマになります。

(2)ITツール「Zoom」「Slack」などによるデジタルデータ対策

「コミュニケーションデータ」は、事業運営・企業経営のために、組織メンバーで交換されるデータですが、このデータなどを有効に伝えるツールが、「Zoom」であり、「Slack（スラック）」です。

これらのITツール（一部クラウドアプリ）は、テレワークの世界を経験された方々には一般的になっています。これらのITツールは、他社の種々のツール・アプリと相乗効果を発揮し、事務や営業の現場では、かなり実績を高めていると思われます。

認定支援機関やコンサルタントとしても、これらのITツールは習得しておくべきですが、顧問先の相乗効果の実態を、現場サイドから、把握しておく必要があると思います。この「Zoom」「Slack」のツールは、高齢の経営者でも、使い慣れており、これらを活用した他のアプリなどの情報を持っている可能性も高いと思います。

この「Zoom」「Slack」との連携が、事務部門や営業部門のデジタルデータのニーズに近いものと思われます。

「Zoom」や「Slack」はともに、無料のITツールを有し、外部の種々のサービスツールやアプリと連携が容易にできます。多くの企業では、コミュニケーションツールとして、既に、これらを活用し、社内のデジタルデータ化を進めています。

Zoomのホームページ

ユースケースに合う Zoom 連携アプリ

Hive　　　Dot Collector　　　Miro　　　Kahoot!　　　Lucidspark　　　Coda　　　Notejoy

Slackのホームページ

ツールの連携とタスクの自動化

いつも使うツールやアプリケーションを Slack に連携させて、作業効率をアップ！

はじめ方　　**Slack の使い方**　　プロフィール　　**ツールと連携**　　管理　　チュートリアル

♀ Slack App ディレクトリからのツールの連携

- Slack でのアプリ使用ガイド
- Slack ワークスペースにアプリを**追加する**
- ワークスペースからアプリと**カスタムインテグレーション**を**削除する**

- アプリの**権限**について理解する
- ショートカットを使用して Slack でアプリを操作する

⚡ ワークフロービルダーでタスクを自動化

- ワークフロービルダーガイド
- Slack でワークフローを設定する
- ワークフローにステップを**追加する**
- ワークフローのコラボレーターを管理する

- ワークフローを公開する
- ワークフローの管理
- Webhook を使用した高度なワークフローを**作成する**
- ワークフロービルダーでワークフロー**アクティビティ**を表示する

2) ITツール『フロー情報』『編集』『ストック情報』機能の利活用

①『フロー情報』『編集』『ストック情報』ツールの分類と概要

　中小企業のPC、スマホの利活用で使われるITツールやAPI（Application Programming Interface：アプリ）の機能を、『フロー情報』『編集』『ストック情報』に分類して、説明していきます。普段からPCやスマホなどのデバイス（装置）に接していない経営者としては、一つの説明だけでは、なかなか腹に落ちないかもしれません。そこで、このデジタルデータ化のITツールやAPIなどについて、事務プロセスの見方から『フロー情報』『編集』『ストック情報』を再認識してもらいたく、以下の図表のように整理しました。これらの事務プロセスを概観してから、全体を俯瞰していただくことで、その理解は深まっていくと思います。

ビジネスで用いられる汎用性の高い ITツール

『フロー情報』ツール　メモ、議事録情報、コミュニケーションや毎日更新される流動性の高い情報を扱うツール	編集ツール　デジタル商品やデジタルサービスを制作するためのツール	『ストック情報』ツール　フロー情報・編集ツールで作成された成果物やまとまりのある情報を保存するためのツール
Googleアプリ群		**Appleアプリ群**
Gmail, Meet, Classroom, Jamboard, カレンダー等	ドキュメント, スプレッドシート, スライド等	ドライブ, フォト等
FaceTime, メモ等	Pages, Numbers, Keynote, Final Cut等	iCloud
Teams, OneNote, Outlook等	Word, Excel, PowerPoint等	OneDrive
コミュニケーション系 Slack, Zoom, Discord等　会計アプリ系 Freee, MoneyForward等	Adobe系 Photoshop, Illustrator, Premiere Pro, After Effects, Lightroom等　**Microsoftアプリ群**	Dropbox, Box等

（出典）アアル株式会社（https://aalinc.jp）

　上図は、事務プロセスを『フロー情報』『編集』『ストック情報』に３分類し、そのプロセスを中心にかかわるITツールやAPIを個別に記載しています。

　まず、『フロー情報』ツールは、メモ、議事録情報、コミュニケーショ

ンや毎日更新される流動性の高い情報を扱うツールです。『編集』ツール
は、デジタル商品やデジタルサービスを制作するためのツールです。ま
た、『ストック情報』ツールは、フロー情報・編集ツールで作成された成
果物やまとまりのある情報を保存するためのツールということです。

　しかし、『フロー情報』ツールのGmail、Meet、『編集』ツールのドキ
ュメント、『ストック情報』ツールのドライブなどの各ツールは、Google
アプリ群に属します。『フロー情報』ツールのFaceTime、『編集』ツー
ルのPages、『ストック情報』ツールのiCloudは、Appleのアプリ群に属
していますので、個々は横方向に点線で分けています。また、Microsoft
のアプリ群も区別し、その他の独立系のアプリなどは『フロー情報』『編
集』『ストック情報』のツールの枠に記載しています。この分類によって、
ITツールやAPIの機能が浮き彫りになると思います。

　さて、多くの中小企業経営者にとっては、デジタルデータ化は、主に、
デジタル機器を駆使して事務の合理化を図ることと思っているかもしれ
ません。自社のシステムを動かしている部下やシステム会社の当社担当
メンバーには、事務の合理化や入力データの効率化ばかりに質問を集中
し、『編集』や『ストック』に関する話やそれらを総合的に組み合わせた
経営には、進んでいかないようです。

　したがって、部下やシステム会社メンバーとは、なかなか話が噛み合
わないことが多いものです。部下やシステム会社メンバーは、情報のシ
ステムツールや思考のフレームワークについて注目しているのに、経営
者は事務の合理化の効果ばかりを考えて、相互の意思疎通がスムーズに
行かないようです。時には、その会話の文脈で、経営者の理解できない
情報システム用語などが使われると、話の文脈がわからなくなり、対話
が途絶えて、経営者として、ストレスを溜めることもあるようです。

　これらの問題を乗り越えるには、上記の「ビジネスで用いられる汎用
性の高いITツール」におけるGoogleアプリ群、Appleアプリ群、Micro
softアプリ群などに記された「アプリ名」に関する記載を、経営者もそ

れぞれの企業のHPなどで予習することをお勧めします。一昔前ならば、デジタルやデータ関連の知識は知らないで当たり前の風潮がありましたが、現在は、詳しく知らなくとも、システム分野の話の文脈を理解できない場合は、経営者として問題ありと見られるようになっています。

　最近の上場企業や大企業は内部統制が厳格になり、国際化も進んでいることから、その経営者はデジタルデータに関する知識を保有していなければ、認められなくなっています。実際、多くの経営者は、たとえ高齢であろうとも、自らITデバイスを使いこなしています。認定支援機関やコンサルタントも、顧問先の最近のデジタルデータ事情をよく踏まえて、経営者との対話を行う必要があります。

　そのためにも、これらのITツールやアプリを総合的に理解することが大切です。『フロー情報』『編集』『ストック情報』各ツールが、いずれの機能をカバーしており、データならば、「オペレーションデータ」「コミュニケーションデータ」「マーケティングデータ」「経営データ」のどの分野の処理をするのかを、体系的に理解しておきたいものです。

　経営者として、経営理念やマーケット戦略、労務管理、働き方改革などの方針決定や意思決定のプロセスには、必ず、デジタルデータ化の思考などを組み込まなければならなくなっています。

　特に、大きな企業やITの専門企業を除けば、自分たちで情報システムを保有して運用する「オンプレミス企業」は、あまりありませんから、上記のITツールやアプリまたクラウドシステムについては、概要だけでも知っておく必要があります。

　そこで、データによる４つの体系分類と同時に、『フロー情報』ツール、『編集』ツール、『ストック情報』ツールの３つの機能については、その体系と個々の役割を理解していただきたいと思います。

② 『フロー情報』『編集』『ストック情報』ツールの利活用事例

(1)『フロー情報』ツールの事例

『フロー情報』ツールは、社内の会議のやりとり情報や議事録また進捗管理やスケジュールなどのいわゆる「フロー情報」を活用することです。ここでは、相互のコミュニケーション情報等を取り扱うクラウドアプリを、Google、Apple、Microsoftの他に、前述のSlack（オンライングループチャットアプリ）やZoom（オンラインミーティングアプリ）などで確認できます。このアプリの機能で、三密での対面・接触型の営業活動が見える化されますので、企業としての営業力のノウハウ・スキルの引上げにも役立ちます。

また、ここに掲載されたアプリについては、オンラインで同時編集することができるものが大半です。1つのファイルにアクセスすると、オペレーション担当者がどこの部分を編集しているかを確認しながら、別の部分の編集もできて、データの相互のやりとりが円滑になります。たとえば、アプリ間の連携機能で、編集ツールを動かしながら、編集メンバーとコメントのやりとりをすることも可能です。編集後は、そのまま、クラウドに保存するために、『フロー情報』ツール、『編集』ツール、『ストック情報』ツールの3つの分類の垣根は低くなって、シームレス化が進んでいきます。

(2)『編集』ツールの事例

『編集』ツールは、デジタル商品やデジタルサービスを制作するためのツールで、Word、Excel、PowerPointなどは、広く普及しています。

Googleアプリ系では、WordにあたるGoogleドキュメント、Excelにあたるスプレッドシート、PowerPointにあたるスライドが用意されています。AppleのKeynoteは綺麗なスライドを効率的に作成しやすく、資料の図説用の画像編集アプリとしても使えます。図形等の選択や配置が行いやすくなっています。また、画像や映像制作では、

Adobe社製アプリのシェアが高く、特にPhotoshopやIllustratorは、画像、映像専門職でなくても、資料作成のために使用されています。

　もし、クラウドサービスのメリットや効用を知らずに、従来のやり方でPC上だけで『フロー情報』ツールのEメールでやりとりをしていたならば、便利なクラウドの機能を知らないままになってしまいます。複数メンバーとの共有やスピード感を持ったビジネスを行っている他の別組織と競争しなければならない場合は、明らかに不利になってしまいます。

(3)『ストック情報』ツールの事例

　『ストック情報』ツールとは、フロー情報ツール・編集ツールで作成された成果物やまとまりのある情報を保存するためのものです。APIツールとしてのDropbox は、パソコンやスマホなど手元にあるデバイスとは別のところにあるサーバーにデータを保存します。デバイスのハードディスクのクラッシュや紛失、盗難などで大切なデータを喪失してしまうリスクがありますが、これをバックアップします。また、操作ミスによるデータの喪失も防止します。オンライン上に自分のファイルが常に保存されていることから、ネットに接続できる環境があればいつでもどこでも最新のファイルを編集して仕事をすることができることになります。また、このDropboxのサービスは、データ容量が大きく、他メンバーとの共有機能や、ファイルのバージョンを過去に遡って復元できるなどの機能もあり、編集アプリとセットになっていることも強みになっています。

　たとえば、取引先と共同で商品開発を行っている場合は、両社の担当者がDropboxやOnedriveのデータにアクセスし、共に修正できることになれば、その開発はスピードアップされます。また、2社の提携販売先が共同キャンペーンを企画した場合は、効果的な販促チラシを両社の企画担当者が同じ画面を共有しながら作成することも可能に

なります。もちろん情報漏洩の問題はありますが、それらを防止しながら、大きな効果を上げたり、販売力を高めることもできます。

③デジタルデータ化レベルアップの注意点

認定支援機関やコンサルタントが、経営者から自社のデジタルデータ化やDXの導入などの助言・相談を求められたときは、経営者の認識以上に、その企業内部のIT化が進んでいることがあります。

筆者が、企業から、デジタルデータ化やDXのコンサルを受託するときは、すべての役職員に、「今後のデジタルデータ化要望のアンケート」をとって、その企業のデジタル化の実態把握を行うことにしています。その後、ITアプリケーションソフトウェア（以後「アプリ」という）の機能の活用・外部機関との連携・ビジネスモデルの変更・内部組織の改編などの仕分けを行って、その会社の幹部とラフな話合いを行います。すぐには解決できないときは、その企業に検討チームを作ってもらい、システム・デジタル化の合意形成を図ることにします。

同時に、前述の『フロー情報』『編集』『ストック情報』ツール・アプリの利活用事例を集めます。このアプリは、多くは無料配信されており、それぞれの担当者がダウンロードなどを行っており、日々の実務に利用していることもあります。この自社の活用事例をヒアリングすることで、かなりのデジタルデータ化のニーズを浮き彫りにすることができます。

認定支援機関やコンサルタントとしても、その社内の実態を把握して、経営者と対話を行うことをお勧めします。デジタルデータ化は、方針が固まれば、「案ずるよりも産むが易し」ですが、企業への導入の方針を固めないままに走ると混乱が生じ、ダブル投資・トリプル投資になってしまうこともあります。デジタルデータ化については、企業経営に合わせた方針の策定が求められます。

ここで、本来のシステム導入のやり方をご紹介し、『フロー情報』『編集』『ストック情報』ツール・アプリの簡便法をお話します。

ソフトウエア開発の最終成果物であるアプリケーションソフトウエアを作成するには、理想的なアプリの姿を描きますが、企業内メンバーの意見やニーズが固まらず、なかなかその姿は見えてきません。アプリのシステム開発を行うときは、このアプリの要求内容やその分析を「要件定義」としてまとめた後に、システム開発を行いますが、大きな検討と議論を経由して、膨大な時間もかかります。

　一方、『フロー情報』『編集』『ストック情報』ツール・アプリは、既に使い方が明らかになっていますので、一般的な中小企業にとっては、これらのアプリが「ソフトウエア開発の最終成果物」とみなすことができます。現在のように、多くのアプリやツールが出回っている場合は、このアプリやツールを使いこなしているメンバーに、そのメリットをヒアリングすることがデジタル化の近道だと思います。その意味もあって、ここでは、『フロー情報』『編集』『ストック情報』ツール・アプリの一覧をご紹介しました。要件定義の作成や、ソフトウエア開発から最終成果物の作成までの工程の大きな効率化になると思います。

　認定支援機関やコンサルタントが、経営者から自社のシステム導入の相談を受けた場合は、上記のツール・アプリの機能を使って、システム開発のでき上がりイメージから、対話を始めることをお勧めします。ただし、自社が最先端のアプリを開発することを目論む場合は、「ソフトウエア開発の最終成果物のアプリ」をイメージして、何を開発するのか、何のために開発するのか、開発したアプリはどのような機能があるのかなど、あらゆる視点で検討し、その後のシステム開発を見通して、要件定義を明確に固める必要があります。要件定義からのシステム開発を通して、最終成果物のアプリを作成することになりますが、このことは一般の中小企業にとっては、なかなか現実的ではありません。

4 DX の浸透に沿った経営革新

1) 経済産業省における「DX」の定義

　デジタル機器、デジタルサービス・データの導入によって企業変革を生み出すことを形式的な「DX」と言いますが、真の「DX」は企業全体にガバナンスを浸透させる状況になることです。そこで、日本では、真の「DX」となった状況を想定して、経済産業省では、「DX」の定義を以下のように定めています。

経済産業省によるDXの定義

> 「企業がビジネス環境の激しい変化に対応し、データとデジタル技術を活用して、顧客や社会のニーズを基に、製品やサービス、ビジネスモデルを変革するとともに、業務そのものや、組織、プロセス、企業文化・風土を変革し、競争上の優位性を確立すること」

（出典）経済産業省『「DX推進指標」とそのガイダンス（令和元年7月)』
（https://www.meti.go.jp/press/2019/07/20190731003/20190731003-1.pdf）

　これは、経済産業省の「DX 推進指標」における「DX」の定義です。ここでは、デジタルによる新しいビジネスモデルの創出だけではなく、組織、プロセスや企業文化・風土の改革までも含まれた概念であり、企業価値を生み出して、競争上の優位性を確立することです。つまり、システム導入において、ビジネスモデルの創出とともに、組織全体の対応への改革がDX（デジタルトランスフォーメーション）ということになります。

　次ページの図の「ビジネス環境の激しい変化」では、DXを取り巻くキーワードを簡易的に解釈し、段階的にDXを目指した改革を行うためのイメージを説明しています。DXは、「①データとデジタル技術を活用」すると同時に、その後において、②〜⑤のプロセスがあるということで

す。

経済産業省のDXの定義イメージ

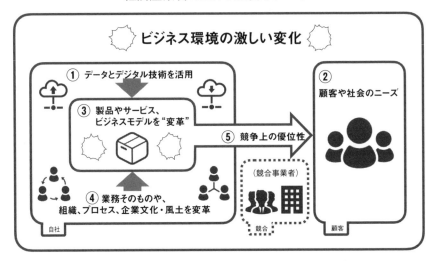

(出典) アアル株式会社（https://aalinc.jp/DX-digiTal-transformation_2-3/）

2) デジタル企業・DX企業への変革

　次ページの図は、経済産業省が「DXレポート2中間取りまとめ（サマリー)」として、発表している資料のうち「DX加速シナリオ」というものです。これを元に、どのようにDXを推進していけばよいのかを見ることができます。

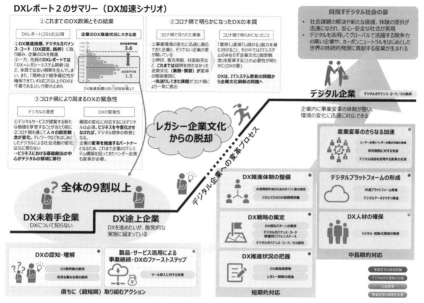

（出典）経済産業省『DXレポート2中間取りまとめ（サマリー）（令和2年12月28日）』（https://www.meti.go.jp/press/2020/12/20201228004/20201228004-3.pdf）

　上記の図では、「DX未着手企業」「DX途上企業」が、デジタル企業への変革プロセスを経て「デジタル企業」へと黒い線上を登っていく、各段階の問題点と取り組むアクションプランが記載されています。

　ここでも、「DX＝レガシーシステム刷新」という解釈や「現時点で競争優位が確保できていれば、これ以上のDXは不要である」というような、短期的で保守的な見方に警鐘を鳴らしています。

　DXは単なるIT化やデジタル化ではなく、外部環境変化への迅速で適切な対応ができる組織体制の変革の意味合いもあることから、DX自体も外部環境に合わせて常に進化して行くことが求められています。

3) DXの企業導入プロセス

　2020年始めからの新型コロナウイルスの感染拡大により、企業はデジタル化に真剣に取り組み始め、社会におけるデジタルサービスの浸透は一層加速しています。テレワークが国家施策になる一方、三密防止で人

と人との接触を極力減らし、遠隔・非対面での社会活動が強く要請されるなかで、従来と同様の生活水準を維持するためにも、デジタルデータ化や5G（第5世代移動通信システム）の利活用が求められています。この結果、これまでのデジタル技術や5Gの世界はなかなか現実になるには時間がかかると思っていたにもかかわらず、既にすぐ近くに迫っています。

ローカル5Gの概要

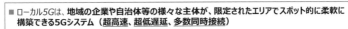

　実際、新型コロナウイルスで大きな影響を受け、周りの同業者が強烈な痛手を被っていたとしても、デジタル技術等を活用して、順調に売上を伸ばしている企業もあります。この価値創出は、遠隔・非対面での社会活動が追い風になったこともあるでしょうが、デジタルの領域に急速に移行したことが幸いしたのかもしれません。

　DXについての流れは一層活発になり、特に、データとデジタル技術を導入した企業については、「製品やサービス、ビジネスモデルの変革」と「組織、プロセス、企業文化・風土の変革」の重要性が高まり、競争上の優位性が際立っています。常に変化する顧客・社会の課題をとらえ、「素早く変革し続ける」能力も身につけているようです。企業が変革を進めるにあたっては、レガシー化したシステムのみならず、従来から続いている企業文化、すなわち「レガシー企業文化」が障害になっていることにも注意しなければなりません。既存のITシステムやその運用体制に問題があったとしても、改善しないままに、旧システムを温存したり、従来の縦割り組織やサイロ型の意思決定方式を残したままにすることは絶対に避けなければなりません。そのためには、まず、短期間で実現できる課題を明らかにし、ツール導入等によって解決できる足元の課題には即座に取り組んで、新しい考え方でDXのスタートラインに立つことが必要であると思います。

4）デジタルガバナンス・コード

　と同時に、「デジタルガバナンス・コードの柱立て」を、DXの進捗プロセスに重ねてみることも大切です。

デジタルガバナンス・コードの柱立て

> 1．ビジョン・ビジネスモデル
>
> 2．戦略
>
> 2-1．組織づくり・人材・企業文化に関する方策
>
> 2-2．ITシステム・デジタル技術活用環境の整備に関する方策
>
> 3．成果と重要な成果指標
>
> 4．ガバナンスシステム

　上記の「デジタルガバナンス・コードの柱立て」における「1．ビジョン・ビジネスモデル、2．戦略、2-1．組織づくり・人材・企業文化に関する方策、2-2．ITシステム・デジタル技術活用環境の整備に関する方策」が、「経済産業省のDXの定義」（126ページ）の、DXについての「ビジネス環境の激しい変化」の中の「①データとデジタル技術を活用」「②顧客や社会のニーズ」「③製品やサービス、ビジネスモデルを変革」「④業務そのものや、組織、プロセス、企業文化・風土を変革」「⑤競争上の優位性」に該当します。

　また、「デジタルガバナンス・コードの柱立て」における「3．成果と重要な成果指標」は、モニタリングの重要性を意味し、「4．ガバナンスシステム」は、コーポレートガバナンス・コードと重なり、次の飛躍のスプリングボードになるものと思います。

　特に、ワンマン経営の家長的イエ社会の中小企業においては、その経営者は、デジタルデータ化により、大きな意識改革をしなければならないと思います。日々、「オペレーションデータ」「コミュニケーションデータ」「マーケティングデータ」「経営データ」や『フロー情報』『編集』『ストック情報』ツールなどに携わっている現場の担当者の意見を尊重し、デジタル情報を吸収すべきだと思います。

　また、変化の激しい情報やステークホルダーの動きを知るためにも、取締役会などで、経営幹部の意見を重視し、経営幹部は現場担当者の意

見を汲み上げなければならないと思います。そして、取締役会などで、合議のプロセスを経て意思決定を行うことが欠かせないと思われます。このような姿勢の下、競争優位の獲得という戦略的ゴールに向かって、繰り返し変革のアプローチを続けることが、今後のDXプロセスの実現になると思われます。

　認定支援機関やコンサルタントとしても、デジタルデータ化は、事務の効率化であり、現場担当者の情報の活用法などと、経営の裏方的な役割と軽く考えていたならば、顧問先の成長を削ぐことになってしまいます。デジタルデータ化やDXは、経営そのものの大転換を意味するものであり、これからの経営革新・事業再構築の起爆剤になるものであると認識するべきです。

第 **7** 章

経営理念・ビジョンへの助言・相談

1）経営理念やビジョン策定と認定支援機関等

　経営者とかなり親しくならなければ、経営理念やビジョンの助言・相談を受けることはありませんが、経営者として、経営理念やビジョンこそ、最も助言や相談を期待したいことです。経営理念やビジョンとは、自分のロマンや先代の生き方を反映し、いったん決定したら、何年も存続するものと思われています。

　しかし、経営環境は大きく変わり、時代背景も急変するなか、経営理念やビジョンを不変のまま守り続けることは、ほぼ不可能になっています。経営者としては、不滅の経営理念・ビジョンを生み出せれば、こんな幸せなことはありませんが、実際は、数年後には書き直さなければならなくなり、そうしなければ、その経営理念やビジョンは、社内では忘れ去られることになってしまいます。

　とは言うものの、経営者としては、真剣に経営理念やビジョンを作らなければならず、毎年、見直さなければならないものと思います。助言・相談を受けた認定支援機関やコンサルタントとしても、少なくとも、2～3年に一度は見直しを行い、数年に一度は修正を検討する必要があります。そのためには、経営理念・ビジョンについて助言・相談を受けた認定支援機関やコンサルタントは、腰を据えて、経営者と対話を持たなければならないと思います。

　まずは、当社の増収増益基調を図るために、当社の成長を確実かつ明確にし、ステークホルダーや社内メンバーの気持を一つにしなければなりません。経済産業省や中小企業庁が推進している「ローカルベンチマーク」なども参考にすることによって、企業自身の業績について毎年の検討と評価を業界・地域などと比較し、客観性・透明性を高めることが

大切です。次に、地域のリード役である行政機関や金融機関が、主要業務指標に位置づけてフォローを欠かさない「SDGsの目標」への進捗状況も重視しなければなりません。

さらに、金融機関や大手の販売先・仕入先の必須条件であり、その親密取引先にも求めている、「コーポレートガバナンス・コード」の遵守状況をチェックすることも必要になります。これからの「経営理念・ビジョン」の策定や見直しには、これらの一般化している指標を常にモニタリングしながら、的確な調整や修正を行って、経営者は認定支援機関やコンサルタントと対話を実施する必要があります。すなわち、認定支援機関やコンサルタントは、経営者に、以下の3点を重視してもらい、経営理念やビジョン策定・見直しに向けて、対話を深めなければならないと思います。

---

1. ローカルベンチマーク
2. SDGs
3. コーポレートガバナンス・コード

2）ローカルベンチマーク

①ローカルベンチマークの概要

ローカルベンチマークは、中小企業経営者が金融機関や行政機関・その支援機関等と対話を通じて、企業の現状や課題を理解し、個々の経営改善に向けた取組みを支援してもらう手段・叩き台・座標軸となっています。このローカルベンチマークは二段階の構成となっており、「第一段階」として、地域の産業構造や雇用の状況、内外の取引の流れ、需要構造等に関するデータにより、地域の経済・産業の現状と見通しの把握、分析を行い、「第二段階」として、金融機関などが個別企業について、財務情報や非財務情報等をもとに、対話を通じて企業の成長余力や持続性、生産性等を評価する建付けになっています。

ローカルベンチマークは2015年公表以降、多くの改善が加えられ、現

在では、経営者向けと支援者向けのチラシにまとめられるほど、カスタマイズされ使いやすくなっています。また、「第一段階」の地域の経済・産業の現状と見通しについては、内閣府が運営している「RESAS」を組み込んで、多くの情報や活用方法が公表されています。

その「第一段階」と「第二段階」の内容は以下のとおりです。

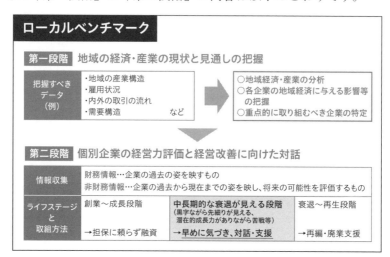

さらに、「第二段階」の財務情報と非財務情報については、下記に示すとおりです。

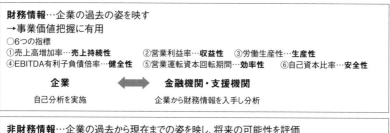

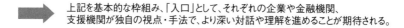

②ローカルベンチマークの機能とチラシ・パンフレット

ホーム ▶ 政策について ▶ 政策一覧 ▶ 経済産業 ▶ 経営イノベーション・事業化促進 ▶ 産業金融政策 ▶ ローカルベンチマ
ーク（通称：ロカベン）

ローカルベンチマーク（通称：ロカベン）

▶ ロカベンシート　　▶ 作成ガイド・取組動画　　▶ 活用事例　　▶ 普及・促進に向けて　　▶ 関連施策・リンク

ローカルベンチマークとは

ローカルベンチマーク（略称：ロカベン）とは、企業の経営状態の把握、いわゆる「企業の健康診断」を行うツールです。
企業の経営者と金融機関・支援機関等がコミュニケーション（対話）を行いながら、ローカルベンチマーク・シートなどを使用し、企業経営の現状や課題を相互に理解することで、個別企業の経営改善や地域活性化を目指します。

▶ ロカベンシートはこちら

※「6つの指標」（財務面）、「商流・業務フロー」、「4つの視点」（非財務面）の3枚組のシートです。

ローカルベンチマークは政府の各種施策と連携しており、各種補助金等の申請にも活用されています。

国の中小企業向け補助金・総合支援サイトの「ミラサポplus」でも、マンガで分かりやすくご紹介しています。
▶ ミラサポplus「マンガで分かるローカルベンチマーク」⧉

企業・経営者の方向け

無料で、自社の経営の現状把握や経営分析ができます。
是非、ローカルベンチマークをご活用下さい。

▶ （企業向け）ローカルベンチマークの活用に向けて（PDF形式：5,385KB）⤓

金融機関・支援機関等の方向け

事業性評価・事業計画策定・事業承継・補助金申請など
企業支援の場で、ローカルベンチマークをご活用頂けます。

▶ （支援機関向け）ローカルベンチマークの活用に向けて（PDF形式：5,795KB）⤓

チラシ・パンフレット

両面裏表（2ページ）でロカベンの内容を簡潔にまとめています。

▶ ローカルベンチマークチラシ（PDF形式：2,518KB）⤓

ローカルベンチマークの概要と企業の活用事例も掲載しています。

▶ ローカルベンチマークパンフレット（PDF形式：9,531KB）⤓

第7章 経営理念・ビジョンへの助言・相談

③ローカルベンチマークの財務分析と非財務の図

ロカベンの全体像は次の図のとおりです。大きくは「Ⅰ．財務分析」と「Ⅱ．非財務」のパートに分かれます。これまで何度も述べている通り、ロカベンの特徴は「Ⅱ．非財務」にあります。非財務の中には、「a. 業務フロー」、「b. 商流」、「c. 4つの視点」に分かれており、これらを明らかにした上で、「Ⅰ．財務分析」を参照しつつ、なぜこのような財務状況になっているのかを考えます。この2つは相互に作用し合っており、原因(非財務)と結果(財務)の関係にあるとも言えます。また、「Ⅲ．まとめ」においては、企業のあるべき姿（将来目標）に対し、企業の現状とのギャップを認識し、課題と今後の取組内容を決めます。

このように、ロカベンはたった3枚のシートで構成されていますが、考える範囲は経営全般であり、非財務と財務の関連性や非財務の特長を見える化できるツールであり、多くの気づきが得られる構成になっています。

ロカベンでは、どのような企業にも当たり前に存在することについて、問いかけていきます。問いかけを繰り返すうちに、当たり前になりすぎて気づかなかったことや、これまで考えたことがなかったことが明らかになってくるはずです。

ロカベンの取り組み方として「業務フローから始める」、「4つの視点から始める」といった決まりはありませんが、対話に取り組む前に、財務分析結果を手元に準備してから始めると、対話を進めながら財務との関係性を確認できるためおすすめします。

また、どのような事業を行っているかビジネスモデルを理解した上で対話を進めるのであれば、業務フロー、商流といった内容から取り組むと理解しやすいでしょう。

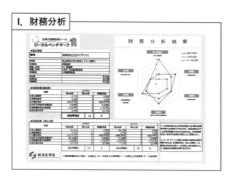

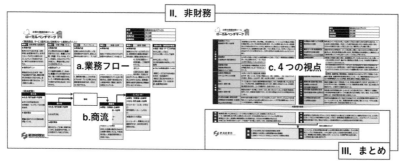

　財務分析は、企業の売上持続性（成長性）・収益性・生産性・安全性・効率性・健全性の6つの指標によって、対象企業における企業力が推察でき、また他社との数値的な比較ができるようになっています。各指標では経理データをもとに、同業種・同規模企業の中央値を3点として、自社の指標が0～5点で評価されます。4点以上なら同業種・同規模の他

社より良い評価ということになります。良い評価となった指標が多いと、最終的に総合評価でＡかＢがつきます。当然、ランクが高いと財務上は倒産の可能性は低く、企業経営もしっかりしているということになります。

一方、「Ⅱ．非財務」の「c．４つの視点」（非財務指標）についても、経営者、事業、企業を取り巻く環境・関係者、内部管理体制の４つの各着目点に分けて、選択しています。この４つの着目点から、数値では表すことができない企業の強さや将来性を読み取ることができます。

また、「Ⅱ．非財務」の「a．業務フロー、b．商流」は、製品製造・サービス提供の差別化ポイントと、仕入先・協力先・得意先・エンドユーザーと当社の商流の実態を描くものです。

上記の非財務における、３表の関連を以下に示します。

得意先に選ばれる理由から始まる対話例におけるロカベンシートの関連性

1	業務フローの顧客提供価値
2	業務フローの差別化ポイント
3	4つの視点の主な取引先企業の推移
4	財務分析の売上増加率
5	商流の仕入先
6	財務分析の営業利益率
7	4つの視点の市場動向
8	4つの視点の新規開拓率

財務分析

④内閣府運営の「RESAS」

第一段階「地域経済・産業の現状と見通しの把握」

ロカベンの第一段階は「地域経済・産業の現状と見通しの把握」です。第一段階で活用する有効なツールとして内閣府が運営している「RESAS（地域経済分析システム）」があります。RESASは主に公的な統計調査の結果を地域経済の分析を目的として使いやすくしているツールであり、地域の産業構造の把握や企業活動、観光、雇用、医療・福祉などについてマクロ分析が可能となっています。

―――― RESAS https://resas.go.jp/ ――――

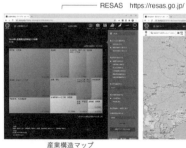
産業構造マップ

観光マップ

RESAS HP

（1）企業周辺情報としてのRESAS（地域経済分析システム）

経済産業省が旗振り役になって、RESAS（地域経済分析システム）の手法が、既に中小企業にも金融機関にも定着しています。

これは、地域経済に関わるさまざまなビッグデータ（企業間取引、人の流れ、人口動態等）を収集し、わかりやすく「見える化（可視化）」したシステムです。

（参考）https://resas.go.jp/

RESASは、地域の産業、地域経済循環、農林水産業、観光、人口、消費、自治体間比較など、種々の情報分析に利用することもできます。これらの項目の検討を行うことで、対象企業の地域との関わりや影響を浮き彫りにすることができます。

2000年以降、各金融機関とも、中小企業の不良債権対策で金融検査マニュアル準拠の動きが強くなり、地域の経済・産業の現状と見通しまたその情報収集やデータ分析にはあまり力を入れていませんでした。実際、各金融機関は、調査部を廃止したり、審査部における業界調査部門を縮小させました。今後は、各金融機関とも、「地域の経済・

産業の把握・分析」については、このRESASを大いに活用し、後述の「経済センサス」や「まち・ひと・しごと創生総合戦略（総合戦略）」などの行政機関が発信するデータの分析に注力するものと思われます。

　たとえば、このRESASから把握することができるものとして、各地の特許の状況を検索してみましょう。各地域の特許一覧表は、RESAS画面の「企業活動マップ→研究開発→特許分布図→静岡県・沼津市（地域ごとに分布をみる）」の操作にて、PCの画面に行きつきます（日本全国、どの地区でも検索できます。ここでは、事例として、静岡県・沼津市を選択しました）。

（2）RESASのデータの活用

多くのRESASのデータや図表は、以下の「地域経済分析システム（RESAS）のデータ一覧」の案内に従えば、簡単に取り出すことができます。

<ver.50>

地域経済分析システム（RESAS）のデータ一覧

令和4年10月
内閣官房　デジタル田園都市国家構想実現会議事務局
内閣府　地方創生推進室

地域経済分析システム（RESAS）マップ一覧

1．人口マップ
1－1．人口構成
1－2．人口増減
1－3．人口の自然増減
1－4．人口の社会増減
1－5．新卒者就職・進学
1－6．将来人口推計
1－7．人口メッシュ
1－8．将来人口メッシュ

2．地域経済循環マップ
2－1．地域経済循環図
2－2．生産分析
2－3．分配分析
2－4．支出分析

3．産業構造マップ
〈全産業〉
3－1－1．全産業の構造
3－1－2．稼ぐ力分析
3－1－3．企業数
3－1－4．事業所数
3－1－5．従業者数（事業所単位）
3－1－6．付加価値額（企業単位）
3－1－7．労働生産性（企業単位）
〈製造業〉
3－2－1．製造業の構造
3－2－2．製造業の比較
3－2－3．製造品出荷額等
〈小売・卸売業〉
3－3－1．商業の構造
3－3－2．商業の比較
3－3－3．年間商品販売額
〈農業〉
3－4－1．農業の構造
3－4－2．農業産出額
3－4－3．農地分析
3－4－4．農業者分析

〈林業〉
3－5－1．林業総収入
3－5－2．山林分析
3－5－3．林業者分析
〈水産業〉
3－6－1．海面漁獲物等販売金額
3－6－2．海面漁船・養殖面積等分析
3－6－3．海面漁業者分析
3－6－4．内水面漁獲物等販売金額
3－6－5．内水面漁船・養殖面積等分析
3－6－6．内水面漁業者分析
〈雇用〉
3－7－1．一人当たり賃金
3－7－2．有効求人倍率
3－7－3．求人・求職者構造分析
3－7－4．求人情報の比較

4．企業活動マップ
〈企業情報〉
4－1－1．表彰・補助金採択
4－1－2．創業比率
4－1－3．黒字赤字企業比率
4－1－4．中小・小規模企業財務比較
〈海外取引〉
4－2－1．海外への企業進出動向
4－2－2．輸出入取引
4－2－3．企業の海外取引額分析
〈研究開発〉
4－3－1．研究開発費の比較
4－3－2．特許分布図

5．消費マップ
5－1．消費の傾向（POSデータ）
5－2．From-to分析（POSデータ）
5－3．外国人消費の比較（クレジットカード）
5－4．外国人消費の構造（クレジットカード）
5－5．外国人消費の比較（免税取引）
5－6．外国人消費の構造（免税取引）
5－7．キャッシュレス加盟店数（ポイント還元事業）
5－8．キャッシュレス決済データ（ポイント還元事業）

6．観光マップ
6－1．目的地分析
6－2．From-to分析（宿泊者）
6－3．宿泊施設
6－4．外国人訪問分析
6－5．外国人滞在分析
6－6．外国人メッシュ
6－7．外国人入出国空港分析
6－8．外国人移動相関分析
6－9．外国人経路分析

7．まちづくりマップ
7－1．From-to分析（滞在人口）
7－2．滞在人口率
7－3．通勤通学人口
7－4．流動人口メッシュ
7－5．建物利用状況
7－6．事業所立地動向
7－7．不動産取引
7－8．近距離移動時間分析
7－9．国内移動時間分析
7－10．社会教育施設・講座利用状況

8．医療・福祉マップ
8－1．医療需給
8－2．介護需給

9．地方財政マップ
9－1．自治体財政状況の比較
9－2．一人当たり地方税
9－3．一人当たり市町村民税法人分
9－4．一人当たり固定資産税

凡例
赤字：2022年10月27日データ更新メニュー

3

⑤総務省の「経済センサス」と内閣府の「まち・ひと・しごと創生総合戦略」の概要

企業の営業活動に関する情報は、官公庁がHP（ホームページ）に公表している情報から多くを得られることがあります。認定支援機関やコンサルタントは、経営者と対話を行う前に、地域情報を行政機関のHPから収集しておくことも大切です。

（1）経済センサス

経済センサスは、多くの地域の統計データが一覧できます。特に、地域別に、業種別の事務所や従業員数を把握できることから、地域に根を張る、飲食店や運送会社また地域金融機関の各支店などは、店周住民や地元産業へのサービス内容や規模の想定を立てることができます。各企業の地元顧客リストや周囲の地図また各金融機関の預金者データを重ねれば、効果的な施策を実行することも可能になります。当然ながら、各企業内部のデータは社内や行内では自由に採ることができますから、この経済センサスのデータを使って、企業経営者や金融機関の支店長との対話も効果的に行うことが可能になります。

たとえば、アパートやマンションの建設業者から、工事の予定情報が入手できれば、工事現場に対する作業員への昼食デリバリーサービスや、工事完成後の入居者へのサービス提案も可能になります。経済センサスの「町丁・大字別の従業者数の集計や建設・不動産の事業所数の集計」を把握することで、飲食店・運送会社・地域金融機関各支店が行おうとする将来の施策に関する、サービスや融資の提案に関する情報が、得られることになります。

検索するためには、「e-Statの選択条件」から、以下のページを出して、それぞれの都道府県から、「CSV」をクリックします。「22・静岡県」からは、「平成26年経済センサス - 基礎調査　確報集計　町丁・大字別集計」が、出てきますので、この情報を活用することをお勧めします。

（2）まち・ひと・しごと創生総合戦略（総合戦略）

　「まち・ひと・しごと創生総合戦略（総合戦略）」は、日本全国の自治体が作成している「総合戦略」です。ここでは、埼玉県・さいたま市・川越市の抜粋を掲載しました。日本全国のほとんどの県・市のホームページから、このようなデータを、自由に抽出することができます。そのHPは漫画や写真などを豊富に使って、かつての堅い自治体の通達のイメージはなく、読みやすいものになっています。自社の地域との関わりや、将来の成長可能性を勘案しながら、それぞれの行政

施策の活用・連携を考えることは、有益です。

　行政機関の施策こそ、自社の経営改善計画の売上予想の重要な裏付けになりますし、行政機関との効果的な連携が円滑な業務活動になります。このような情報は、大企業や地域金融機関では、当然の情報となっていますが、一般の中堅・中小企業においても、最近では、貴重な情報になっています。

　ここでは、埼玉県、さいたま市、川越市の各創生総合戦略（総合戦略）をご紹介します。認定支援機関やコンサルタントとしては、経営者との対話で、それぞれの地域における創生総合戦略（総合戦略）と企業の関わりについて、情報交換を行うことも大切です。

　なお、令和4年6月1日に、岸田首相は、「まち・ひと・しごと創成総合戦略」を抜本的に改訂して「デジタル田園都市国家構想総合戦略」を策定し、年末より国土形成計画を始め、各種の計画に、「デジタル田園都市国家構想の理念」を反映させると発言しています。「まち・ひと・しごと創成総合戦略」の理念が変わることはありませんが、関連施策について、Googleなどの検索の工程数が増えるかもしれませんので、ご注意ください。

第2期埼玉県まち・ひと・しごと創生総合戦略
（令和2～6年度）

　こうした人口の増減や高齢化の状況、地域資源の種類など地域の特徴に応じて、その地域ごとの具体的できめ細やかな戦略を展開していくことが重要である。

　そこで県内を地域振興センターの区域に基づいて12の地域に分け、それぞれの地域の特徴を踏まえ、全県的に展開される施策の中で当該地域で重点が置かれるべきと考えられる課題及び施策を整理して示す。

さいたま市まち・ひと・しごと創生総合戦略
令和元（2019）年度改定版

147

本総合戦略として重要になってくるのが、年少人口と生産年齢人口を増加させる「人口の自然増」に関する施策と、若い世代の人口流入と定住化による「人口の社会増」に関する施策であり、地元の企業の販売戦略に役立つ重要な施策です。これに加え、急速な老年人口の増加に対応する施策とともに、さらには本市の強みを生かすような施策を組み合わせることで、本市独自の「まち・ひと・しごと創生総合戦略」の具体策も見えてきます。

第1章　基本的な考え方

1　総合戦略の位置付け

⑴　法律及び国の総合戦略との関係
⑵　市の他の計画等との関係
⑶　さいたま市人口ビジョンとの関係

2　まち・ひと・しごと創生に関する本市の考え方

⑴　人口増と「住みやすさ」の向上
⑵　全ての世代の活躍
⑶　産業の創出・強化と地域経済の活性化
⑷　広域連携と交流強化

　以上から、本市の地方創生に関する「基本的な考え」を踏まえて、以下の具体的施策になっています。

第2章　5つの基本目標

第3章　基本的方向及び具体的施策

基本目標⑴	次代を担う人材をはぐくむ	「若い世代をアシスト」
基本目標⑵	市民一人ひとりが元気に活躍する	「スマートウエルネスさいたま」
基本目標⑶	新しい価値を創造し、革新（イノベーション）する	「産業創出による経済活性化」
基本目標⑷	自然と共生しながら、都市の機能を向上する	「上質なくらしを実現できる都市」
基本目標⑸	みんなで安全を支える	「安心減災都市」

```
川越市
まち・ひと・しごと創生
総合戦略
```

4. 川越が取り組むこと

戦略	プロジェクト
戦略1 ～川越でしごとをする～ 地域の特性を活かし、若者を引きつける働く場をつくる	**1 しごと 暮らし 川越**
	2 ものづくり長屋 川越
	3 健康食レストラン 川越

戦略1 ～川越でしごとをする～
地域の特性を活かし、若者を引きつける働く場をつくる

　人口のみならず、就業の場においても、東京への一極集中の状況が続く中、情報通信技術の普及によって都市間の格差にとらわれない働き方が生まれています。

　「川越で働きたい」「川越で起業したい」という若者の就業ニーズを踏まえ、東京に負けない魅力ある就業の機会・場を創出するため、各産業界、教育機関、金融機関、また、県等と連携し、産業間連携や起業機会の提供など、産業振興に取り組んでいきます。

　まずは、本市企業が持つ魅力を広く若者に伝えることで、川越で働きやすく、働くことに誇りが持てる環境整備を行います。また、本市の職人町としての歴史性・文化性を活かし、まちなかにおける文化創造拠点の形成と創業支援を行うとともに、本市の特性である都市近郊農業を活かし、農業の6次産業化につながる取組を行います。

■具体的施策
①若者に対する川越就業のための情報提供支援
　市内高校・大学等と連携し、川越で働きたい学生に地元産業の魅力を伝えることで、職住近接につながる地元就業を支援します。
　⑴地元企業等による市内高校・大学への就職応援講座等の実施
　⑵市内高校生・大学生への企業見学会の実施
　⑶インターンシップの充実

②多様な働き方の支援
　本市で新たに創業する企業や事業者等に対し、市内の子育て中の男女を対象とする柔軟な勤務体系を導入するなど、一定の要件を満たす企業や事業者等を「(仮) パパ・ママにやさしい企業」として認定し、各種支援を行います。
　⑴新規創業支援策の創設
　⑵企業認定・認定企業支援

③市内企業への販路拡大支援
　中小企業等の販路拡大のため、電子商取引サイトを構築するIT支援や「川越ものづくりブランド KOEDO E-PRO」等の川越発の優れた商品・技術のPR支援を行います。さらにウェスタ川越等を利用して異業種交流やマッチングの機会を提供します。
　⑴電子商取引サイト構築及びプレスリリース作成支援
　⑵川越メッセの開催（商談会、企業プレゼンテーションの場等)
　⑶海外を含めた域外販路拡大の支援

④既存産業に対する環境整備

　中小企業に対する融資制度の充実を図るため、商工団体や金融機関と連携して制度の周知を行います。また、事業者の設備投資環境を整備するため、条例による緑地率の緩和を行い、敷地の有効活用を促進します。

　長期的な経営理念やビジョンを策定するとしても、経営者としては、企業の売上・収益向上策は常に念頭に置かなければなりません。自社の営業活動や管理業務によって、確実に増収・増益が達成できるためには、財務状況、非財務動向については、正確な数値や競争における冷静な分析が必要になります。近年、多くの中小企業が活用し、客観的な分析の一助になる、「ローカルベンチマーク」は、経営の短期指針であると同時に、長期の指針になります。

　さらに、外部環境の冷静な分析には「RESAS」が定着してきましたが、自社の周辺の地域情報では、「経済センサス」、県や市など比較的広域な地域情報や行政施策は、「まち・ひと・しごと創生総合戦略」の内容が経営施策に役立ち、経営理念やビジョンの策定や見直しにも有効になっています。これらの外部情報・行政情報は、経営者自身も参考にするようになっていますが、認定支援機関やコンサルタントとしては、経営者よりも、より広い視野・長期的な展望で、顧問先への助言・相談を行うことが大切に思われます。

2　SDGs

1）SDGsと中小企業の経営理念

　経営理念やビジョンは、経営者が独自に決めるものと思われていましたが、外部環境の変化やデジタルデータ化の進行によって、「経営理念・ビジョンは、長期にわたり、不変・不可侵である」との考え方は変わってきました。

経営理念・ビジョンであろうとも、外部環境や内部環境によって見直しもあり、戦略も柔軟であるべきとの対応になっています。近年、話題になっているSDGsの17目標も、環境問題の見直しの大きなきっかけになると思われます。また、行動の変化では、テレワークや在宅勤務、取引先への直行直帰、素早い意思決定、対面情報交換の減少などもその変化に当たります。

　しかし、この変化の激しい環境の中にあっても、経営理念やビジョンが不要になることはありません。かえって、テレワークや非対面交渉などの時は、担当者が即断即決しなければならず、経営者の経営理念を十分理解して、発言することが多くなります。経営理念の浸透が、より重要になると言えます。素早い意思決定やオンライン交渉においては、かつてのように、身近にいる上司にお伺いを立てるというようなことはできませんので、経営者の考え方や方針は、会社メンバーは常に持っていることが欠かせなくなります。

　そのような変動する社会にあって、経営理念やビジョンにとって、最も大きく影響を与えるものが、SDGsの17目標であるかもしれません。SDGsが、すべての経営者の共通概念になりつつあるからです。上場企業や大企業、行政機関・金融機関など、中小企業を取り囲む規模の大きい外部機関には、既に、このSDGsが深く浸透しています。たとえば、行政機関も金融機関も、SDGsの目標に絡む事業を支援することが多くなり、中小企業等が仕入先・販売先となっている上場企業や大企業の場合、その株主シェアが高まりつつあるファンドや外資の意思決定が、環境（E：Environment）、社会（S：Social）、ガバナンス（G：Governance）のESG投資に影響されるようになっているからです。このESG投資は、企業が長期的に持続的に成長するために、経営において、この投資の観点が必要ということです。すなわち、SDGsやESGの考え方を持たないと、取引を維持できないという空気になっています。

　近年、中小企業等の経営者は、商工会・商工会議所・ロータリーやラ

イオンズなどに参加する機会が少なくなり、取引先との情報交換（飲食会）も三密防止でほとんどなくなっていますので、SDGs・ESGの影響力を肌で感じていないかもしれません。したがって、認定支援機関やコンサルタントは、経営者との対話において、このSDGs・ESGのビジネス界における広がりの実態を話す必要があると思います。上場企業や大企業、行政機関・金融機関などと同様なSDGs・ESGの情報を共有化するように、この変化を理解してもらうべきだと思います。

2）外部環境要因としてのSDGs

SDGsの17の目標については、経営理念やビジョンを策定したり、見直しをする時には、その始めにおいては、この17の目標の一つひとつを深く考えるよりも、17の目標を俯瞰的に眺めることをお勧めします。また、その経営理念や戦略を検討するときは、それぞれの目標に付随し具体的な記載となっている「ターゲット」や「インディケーター」を合わせ、通読することをお勧めします。それぞれの目標に対して、経営者自身が具体的な事例をイメージし、自社のステークホルダーも考えながら、「ターゲット」や「インディケーター」のやや長めの文章を読みながら、17の目標を、もう一度、考えることがよいと思います。この通読とチェックで、持続可能な経営理念を捉えることができるものと思われます。

SDGsの17目標と自社の実情ばかりを見ていると、SDGsの各目標が、単なる貢献活動のお題目に思われ、将来の持続可能性のある指針のイメージは出て来ないかもしれません。自社のことばかりではなく、地域や国や環境という広い範囲を見通すことで、自社の経営理念等とSDGsの目標が融和するようになると思います。

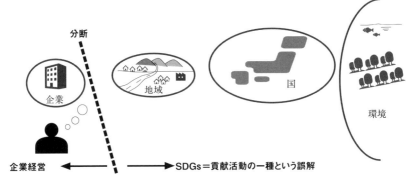

SDGsが単なる貢献活動の一種と考える場合の分断

分断

企業

環境

企業経営 ← → SDGs＝貢献活動の一種という誤解

（出典）アアル株式会社（https://aalinc.jp）

SDGsは持続可能な企業経営そのものと捉える場合

環境

企業経営＝SDGs

（出典）アアル株式会社（https://aalinc.jp）

　企業経営は、地域活動であり、国や環境、グローバルな活動に溶け込まなければ、持続可能な動きができないと、解釈されています。今後は、中小企業等といえども、企業経営にSDGsを取り込むことが必須となっています。

　たとえば、自社が資源池の環境を汚染したり、破壊するような材料を、知らず知らずに使用していたならば、持続可能な動きはできません。これらを調べて、どのような生産方法を使うのか、自社の材料を調達するのか、今一度考えるべきでしょう。このような一つひとつの確認を積み

重ねる姿勢が、自社の経営理念等で育まれ、SDGsに沿った戦略を立てることが大切になります。持続可能な開発目標を、自社が取り組んでいる商品・サービスのサプライチェーンで、再チェックすることが必要です。そして、自社が使い続けている資源があれば、その調達はどこからなのか、規制やルールが変わった場合、それは経営上のリスクにはならないのか、このようにも考えて、SDGsに取り組むことが必要です。

　このようなことを、ストーリーやシナリオで考え、資源をサステナブルに切り替えるということになれば、自社のステークホルダーにとって有難いことになります。

3) 外部環境分析としてのSDGsとチェックリスト

　中小企業等にとって、恒常先の仕入先や販売先との日常業務を行う限り、SDGsの目標を意識しなくとも、それほどの影響はないように、特に、高齢の経営者は思っているかもしれません。しかし、インターネットやSNSなどから情報を得ている若手従業員にとっては、SDGsへの関心は大きいものとなっています。確かに、SDGsの17目標は、抽象的で切実感がないかもしれませんが、SDGsの17目標の細目である「ターゲット」「インディケーター」の中には、自社にとっても共感する内容はかなりあります。

　たとえば、SDGsの17の目標（ゴール）のうち、「目標1 貧困」については、経済格差が広がりつつあると言われるものの、各中小企業がどんな手段を講じるべきか、具体的によくわかりません。また、「目標2 飢餓」についても、同様です。日本は既に貧困や飢餓は卒業していると思っているのかもしれません。ただし、もしも「目標1 貧困」が「地域の子ども食堂への支援」であるとしたならば、具体的な地域支援のイメージが湧くと思います。「目標2 飢餓」については、日本の農地の多くを占める中山間地域の農業・農村の生産性低下に関係すると思います。農業の廃業や農民の流出を通して、土の流出や土砂崩れを防ぐ機能が喪失

し、自社の従業員やステークホルダーの将来が見通せなくなり、自社の資産の毀損になるかもしれません。

そこで、日本の中小企業がSDGsに取り組みやすくするために、以下の「SDGsの17目標のチェックリスト」を作成してみました。この項目のうち、『自社のステークホルダーを持続可能な企業経営（の対象）と捉える見方』については、SDGsの各目標の具体的なイメージを持ってもらうもので、身近で具体的な説明を集めました。これらの各目標に関するデータ源は、チェックリストの「加点根拠・補足」の欄から検索することができます。

ちなみに、外部環境分析の要因としては、このSDGsの17の目標で、ほぼ網羅されています。

SDGsの17目標のチェックリスト

目標	目標内容の説明	自社のステークホルダーを持続可能な企業経営（の対象）と捉える見方	良好	検討	不良	加点根拠・補足
1. 貧困をなくそう	あらゆる場所で、あらゆる形態の貧困に終止符を打つ。	・子ども食堂への種々の支援を行う。 ・母子世帯の就職斡旋を行う。 など				（例）厚生労働省「国民生活基礎調査」OECDの所得定義の新基準である相対的貧困率、子どもの貧困率をフォローしている。
2. 飢餓をゼロに	飢餓に終止符を打ち、食料の安定確保と栄養状態の改善を達成するとともに、持続可能な農業を推進する。	・農業就業人口当たりの農業生産額の引き上げに貢献する。 ・農業就業人口当たりの耕地面積を増加させる。 など				（例）農業就業人口当たりの農業産出額（農業産出額／農業就業人口）を常にフォローしている。

3. すべての人に健康と福祉を	あらゆる年齢のすべての人々の健康的な生活を確保し、福祉を推進する。	・感染症対応設備設置への協力を行う。 ・感染症検査体制の設備や人材増加に貢献する。 ・交通事故死亡率低下に貢献する。など			（例）地元医療機関への提案型コンサル営業を実施中
4. 質の高い教育をみんなに	すべての人々に包摂的かつ公平で質の高い教育を提供し、生涯学習の機会を促進する。	・ICTスキルを有する若者や成人の割合（スキルのタイプ別）を増加させる。 ・設備等が利用可能な学校の割合を増やす。など			（例）総務省「情報通信白書」などで、生徒1人当たりのコンピューター数をフォローしている。
5. ジェンダー平等を実現しよう	ジェンダーの平等を達成し、すべての女性と女児のエンパワーメントを図る。	・管理職に占める女性の割合の増加 ・農業所有者または権利者における女性の割合（所有条件別）の増加			（例）内閣府男女共同参画局「第5次男女共同参画基本計画策定にあたっての基本的な考え方」などで、指導的地位に占める女性の割合を通過点として早期に30％程度を目指す。
6. 安全な水とトイレを世界中に	すべての人に水と衛生へのアクセスと持続可能な管理を確保する。	・安全に管理された飲料水サービスを利用する人口の割合 ・安全に処理された廃水の割合			（例）給水普及率（給水人口／総人口）をフォローしている。

7. エネルギーをみんなにそしてクリーンに	すべての人々に手ごろで信頼でき、持続可能かつ近代的なエネルギーへのアクセスを確保する。	・クリーンな燃料や技術に依存している人口比率を上げる ・最終エネルギー消費量に占める再生可能エネルギー比率のアップ			（例）新エネルギー発電割合（新エネルギー発電量／全てのエネルギー発電量）をフォローしている。
8. 働きがいも経済成長も	すべての人のための持続的、包摂的かつ持続可能な経済成長、生産的な完全雇用およびディーセント・ワーク（働きがいのある人間らしい仕事）を推進する。	・女性及び男性労働者の平均時給（職業、年齢、障害者別）の引き上げ ・就労、就学、及び職業訓練のいずれも行っていない 15 〜 24 歳の若者の割合を引き下げる。 ・テレワークの推進			（例）厚生労働省「賃金構造基本統計調査」で労働者の平均時給（所定内給与額／所定内実労働時間）をフォローしている。
9. 産業と技術革新の基盤をつくろう	強靭なインフラを整備し、包摂的で持続可能な産業化を推進するとともに、技術革新の拡大を図る。	・一人当たり並びに GDP に占める製造業の付加価値の割合を増やす。 ・モバイルネットワークにアクセス可能な人口の割合（技術別）を増やす。			（例）総務省「情報通信白書」で、インターネット普及率などをフォローしている。
10. 人や国の不平等をなくそう	国内および国家間の格差を是正する。	・中位所得の半分未満で生活する人口の割合（年齢、性別、障害者別） ・GDP の労働分配率（賃金と社会保障給付）			（例）経済産業省「企業活動基本調査」の労働生産性（付加価値額／従業員数）をフォローしている。

11. 住み続けられるまちづくりを	都市と人間の居住地を包摂的、安全、強靭かつ持続可能にする。	・人口増加率と土地利用率の比率 ・都市で生成される廃棄物について、都市部で定期的に回収し適切に最終処理されている固形廃棄物の割合			(例)環境省「廃棄物処理技術情報」の廃棄物の最終処分割合(最終処分量／ごみの総排出量)をフォローしている。
12. つくる責任つかう責任	持続可能な消費と生産のパターンを確保する。	・グローバル食品ロス指数(GFLI) ・各国の再生利用率、リサイクルされた物質のトン数			(例)環境省「廃棄物処理技術情報」で、ごみのリサイクル率をフォローする。
13. 気候変動に具体的な対策を	気候変動とその影響に立ち向かうため、緊急対策を取る。	・10万人当たりの災害による死者数、行方不明者・公民館における環境保全活動の実施数(環境保全活動の実施数／公民館数)、直接的負傷者数			
14. 海の豊かさを守ろう	海洋と海洋資源を持続可能な開発に向けて保全し、持続可能な形で利用する。	・漁獲量及び養殖収穫量増減率 ・生物学的に持続可能なレベルの水産資源の割合 ・漁獲量及び養殖収穫量増減率(((漁獲量＋養殖収穫量)－(前年度漁獲量＋前年度養殖収穫量))／総人口)			

158

15. 陸の豊かさも守ろう	陸上生態系の保護、回復および持続可能な利用の推進、森林の持続可能な管理、砂漠化への対処、土地劣化の阻止および逆転、ならびに生物多様性損失の阻止を図る。	・土地全体に対する森林の割合 ・土地全体のうち劣化した土地の割合 ・自然生息地の劣化を抑制し、生物多様性の損失を阻止し、絶滅危惧種を保護し、また絶滅防止するための緊急かつ意味のある対策を講じる。			
16. 平和と公正をすべての人に	持続可能な開発に向けて平和で包摂的な社会を推進し、すべての人に司法へのアクセスを提供するとともに、あらゆるレベルにおいて効果的で責任ある包摂的な制度を構築する	・内外の違法な資金フローの合計額（US ドル） ・意思決定が包括的かつ反映されるものであると考えている人の割合(性別、年齢、障害者、人口グループ別)			
17. パートナーシップで目標を達成しよう	持続可能な開発に向けて実施手段を強化し、グローバル・パートナーシップを活性化する	・100 人当たりの固定インターネットブロードバンド契約数（回線速度別） ・インターネットを使用している個人の割合			（例）総務省「情報通信白書」の「世帯当たりのインターネットブロードバンド契約率」のフォローを行う。
		小計			

参考図書：『地域が活性化する　地方創生 SDGs 戦略と銀行のビジネスモデル』（中村中著、2020年6月、ビジネス教育出版社）……金融機関における SDGs の取扱いと融資関連のビジネスモデルを紹介します。同時に、税理士と金融機関の連携をその制度に基づいて解説しています。

4）上場企業におけるSDGs

　米国のバイデン大統領は、地球温暖化対策の「パリ協定」に復帰しました。菅前首相も所信表明で温室効果ガスの排出を2050年までにゼロにする「カーボンニュートラル」を目指すと宣言しました。そのために、SDGsや「ステークホルダー資本主義」のアクセルが踏み込まれました。政治面でのSDGsの大きな動きです。

　このSDGsは、企業にも具体的な行動を求めたことで、「ESG（イー・エス・ジー）」が、注目されるようになりました。企業が「SDGs」を実践するときは、事業を通じて社会課題に貢献しながら、持続可能な経済成長も目指すことと述べてきましたが、投資家は、企業がSDGsにいかに深く取り組んでいるかを、新しい投資の条件であるESGとして重要視しています。出資者に対する投資活動の説明に、ESGが必須になってきています。そこで、このESG投資という追い風もあって、世界中の企業が、一層、SDGsへの取組みを加速させるようになりました。これは、投資面のSDGsの動きということになります。

　世界の企業に対しては、SDGsのサステナビリティ（持続可能性）を、特に強化することを期待しています。今、ビジネスの世界では、さまざまな課題を抱えながら、大きな変化が求められ、経営リスクを回避しようとしています。そして、新たなビジネスチャンスを獲得し、雇用を生み出し、サステナビリティを追求するためのツールとして、SDGsが活用されています。

　近年、日本においては、2022年6月13日公表の「金融審議会・ディスクロージャーワーキング・グループの報告（中長期的な企業価値向上につながる資本市場の構築に向けて）」が注目されます。これは、サステナビリティ情報（SDGs情報）に力点を置いて、上場会社に定着を求めています。その強化策として、上場会社の有価証券報告書に、「記載欄」を設け、そこにサステナビリティ情報（SDGs情報）を載せて、開示しようという動きになっています。実は、政府の審議会が、企業の情報開示

ツールの有価証券報告書まで踏み込み、また、その中に「記載欄」を設けることという、細目の指示を行うことは異例と思います。それほど、このサステナビリティ情報（SDGs情報）に注力しているということなのです。上場会社にとっては、SDGsの17目標については、始めは単なる努力目標からスタートしましたが、現在では、有価証券報告書の記載欄までの具体策になるまで強化されているのです。

5）行政機関におけるSDGs

「SDGsを原動力とした地方創生が、日本の各地域が抱える諸問題の解決に貢献し、持続可能な開発、すなわち地方創生を推進する」ものと、内閣総理大臣がトップとなっているSDGs推進本部が述べています。

自治体SDGsモデル事業について

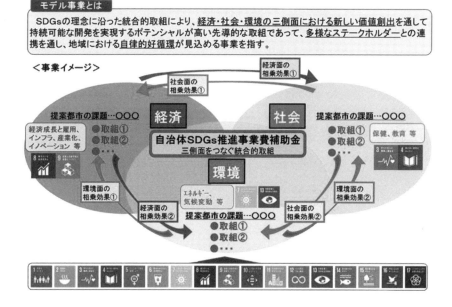

地方自治体は、地域におけるSDGs達成に向けて、地域の将来ビジョンを描き、ビジョン実現に向けて、地域の多様なステークホルダーの連携を促進します。そして、地域の重点課題を解決する事業を行う中核的

な役割を担います。

　自治体のSDGsのモデル事業は、SDGs達成に向けた事業活動を行うべきであり、この事業活動を通して、既存事業の維持・拡大を目指すべきであり、新規事業の創出をし、新たなキャッシュフローを生じ、得られた利益を地域に再投資するものと見られています。

　これにより、企業・事業の成長と地域課題解決を同時に推進し、「自律的好循環」を生み出す役割を果たすことを望まれています。

　なお、地方経済は、「少子高齢化と東京一極集中化」によって、中小企業の労働供給の停滞や後継者不足の問題で、成長抑制や「稼げる企業」の減少が当面の問題になっていますので、この自治体SDGs推進が期待されています。

　認定支援機関やコンサルタントは、各行政機関のHPに必ず出ている、このSDGsの図表を使って、経営者と「自治体SDGsモデル事業」について対話を行うことをお勧めします。

地方創生における自治体SDGs推進の意義

地方創生における自治体SDGs推進の意義

○地方創生の深化に向けては、**中長期を見通した持続可能なまちづくりに取り組むこと**が重要
○**自治体におけるSDGsの達成に向けた取組は、地方創生の実現に資するもの**であり、その取組を推進することが必要

自治体 SDGsの推進
✓ 将来のビジョンづくり　✓ 関係者（ステークホルダー）との連携
✓ 体制づくり　✓ 情報発信と成果の共有
✓ 各種計画への反映　✓ ローカル指標の設定

経済　**三側面を統合する施策推進**　社会
環境

人々が安心して暮らせるような、持続可能なまちづくりと地域活性化を実現
地方創生成功モデルの国内における水平展開・国外への情報発信

地方創生 の目標
✓ 人口減少と地域経済縮小の克服
✓ まち・ひと・しごとの創生と好循環の確立

6）地域金融機関におけるSDGs

　地域金融機関は、地域のすべての産業セクターと横断的にかかわることができ、その支援に重要な役割を果たしていますが、近年は、その原動力に「SDGs金融」の役割が高まっています。SDGs金融とは、持続可能な社会への変革に向けて、SDGs達成に取り組む企業の非財務的価値やESG（環境・社会・統治）要素などを評価し、資金調達の支援を行う金融のことを言います。

　地域金融機関が、地方創生のために、SDGs金融に取り組むことは、持続的な成長を見込める地域事業者や産業等を育成することであり、地域の既存事業の維持・拡大にも貢献し、自らのビジネス環境にも役に立つことになります。

地方創生SDGs金融を通じた自律的好循環の全体像

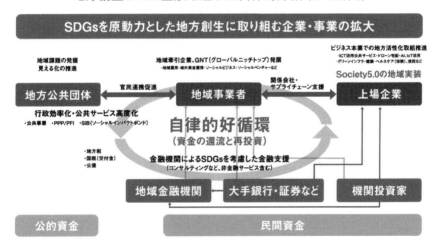

　地域に関わる多様なステークホルダーが、SDGsを通して連携しながら、地域におけるSDGsの「自律的好循環」を行うことを、上図は表しています。これは、地域課題の解決を図りながらキャッシュフローを生み出し、得られる収益を地域に再投資するということです。

　これらによって、地域が陥っている人口減少や地域経済縮小の負のスパイラルに歯止めをかけ、民間資金等の積極的な呼び込みに、地域金融

機関は努めることになっています。経営者は、金融機関に行きますと、融資担当者やその上司の課長と資金繰りの話が多くなりますが、地域金融機関の大きな役割はSDGsの「自律的好循環」でもあります。

　認定支援機関やコンサルタントとしては、経営者との対話でこのような話題を持ち出して、経営者自身にSDGsの「自律的好循環」の角度から、金融機関と資金支援交渉を促すことも一策と思います。

　また、以上述べてきたように、行政機関と地域金融機関は、SDGsを原動力にした地方創生と地方好循環を期待されています。この両者は、地域における自他ともに認めるリード役ですので、中小企業経営者や認定支援機関・コンサルタントは、その相乗効果を高める動きも重要です。

3　コーポレートガバナンス・コード

1）コーポレートガバナンス・コードの中小企業への広がり

　中小企業の販売先や仕入先には、必ず上場会社や大企業があります。この上場会社等は、2015年以降に導入された「コーポレートガバナンス・コード」から、大きなプレッシャーを受けています。2022年以降、上場企業は、プライム・スタンダード・グロースの各市場に入りましたが、この「コーポレートガバナンス・コード」の存在感は一層大きくなっています。このプレッシャーは、取引契約書や商品の保管・運送方法また電子化、さらにはモニタリング手法など、日常の何気ない行動にまで厳格化して現れています。今後は、個々の業務や事業から、そのつながりになる一連の動きにまで、企業自身の内部統制のチェックが入って来ると思います。

　企業間の担当者同士の口約束や見込み発注、また商品の動きが伴わない帳簿のみの販売など、慣習として行われている行動までも、通用しな

くなると思われます。コロナ危機を通して、テレワークやオンライン化が進み、業務の透明化・客観性が日常になり、中小企業といえども、「コーポレートガバナンス・コード」の運用が広がってくることになります。

　以下に、【コーポレートガバナンス・コード】の基本原則を掲載します。中小企業としては、「上場会社」「株主」という言葉に抵抗があると思われますが、「上場会社」の内容もオープンになっていますし、「株主」も個人からファンドに広がっていることから、この基本原則の理解は必要に思われます。特に、「ステークホルダー」や「情報開示」また「取締役会」「対話」については、精読していただきたいと思います。なお、SDGsの17の目標に対して、ターゲットやインディケーターの位置づけと同様に、「コーポレートガバナンス・コードの基本原則」に対して、「補充原則」があるので、この基本原則についても、この「補充原則」を通読することで理解を深めることができると思います。

【コーポレートガバナンス・コード】

基本原則

1．【株主の権利・平等性の確保】

　上場会社は、株主の権利が実質的に確保されるよう適切な対応を行うとともに、株主がその権利を適切に行使することができる環境の整備を行うべきである。

　また、上場会社は、株主の実質的な平等性を確保すべきである。

　少数株主や外国人株主については、株主の権利の実質的な確保、権利行使に係る環境や実質的な平等性の確保に課題や懸念が生じやすい面があることから、十分に配慮を行うべきである。

2．【株主以外のステークホルダーとの適切な協働】

　上場会社は、会社の持続的な成長と中長期的な企業価値の創出は、従業員、顧客、取引先、債権者、地域社会をはじめとする様々なス

テークホルダーによるリソースの提供や貢献の結果であることを十分に認識し、これらのステークホルダーとの適切な協働に努めるべきである。

　取締役会・経営陣は、これらのステークホルダーの権利・立場や健全な事業活動倫理を尊重する企業文化・風土の醸成に向けてリーダーシップを発揮すべきである。

３．【適切な情報開示と透明性の確保】

　上場会社は、会社の財政状態・経営成績等の財務情報や、経営戦略・経営課題、リスクやガバナンスに係る情報等の非財務情報について、法令に基づく開示を適切に行うとともに、法令に基づく開示以外の情報提供にも主体的に取り組むべきである。

　その際、取締役会は、開示・提供される情報が株主との間で建設的な対話を行う上での基盤となることも踏まえ、そうした情報（とりわけ非財務情報）が、正確で利用者にとって分かりやすく、情報として有用性の高いものとなるようにすべきである。

４．【取締役会等の責務】

　上場会社の取締役会は、株主に対する受託者責任・説明責任を踏まえ、会社の持続的成長と中長期的な企業価値の向上を促し、収益力・資本効率等の改善を図るべく、

　　⑴ 企業戦略等の大きな方向性を示すこと

　　⑵ 経営陣幹部による適切なリスクテイクを支える環境整備を行うこと

　　⑶ 独立した客観的な立場から、経営陣（執行役及びいわゆる執行役員を含む）・取締役に対する実効性の高い監督を行うこと

　をはじめとする役割・責務を適切に果たすべきである。

　こうした役割・責務は、監査役会設置会社（その役割・責務の一部は監査役及び監査役会が担うこととなる）、指名委員会等設置会社、監査等委員会設置会社など、いずれの機関設計を採用する場合にも、

等しく適切に果たされるべきである。

5．【株主との対話】
　上場会社は、その持続的な成長と中長期的な企業価値の向上に資するため、株主総会の場以外においても、株主との間で建設的な対話を行うべきである。
　経営陣幹部・取締役（社外取締役を含む）は、こうした対話を通じて株主の声に耳を傾け、その関心・懸念に正当な関心を払うとともに、自らの経営方針を株主に分かりやすい形で明確に説明しその理解を得る努力を行い、株主を含むステークホルダーの立場に関するバランスのとれた理解と、そうした理解を踏まえた適切な対応に努めるべきである。

2）家長的経営者の課題を解消する「コーポレートガバナンス・コード」

　中小企業経営者の大半は、ワンマン経営者であり、日本の昔のイエ制度の家長の位置づけです。日本人の心の底には、この家長のイメージが刻み込まれていますので、経営者のワンマン経営の姿勢や行動をやむを得ないことと思っているかもしれません。まして、多くの経営者は高齢ですので、家長的な存在になっているようです。

　しかし、デジタルデータ化やSDGsが進み、個々の中小企業の生産性を高め、働き方改革を浸透させるためには、そろそろ限界にきていると思います。その解決策こそ、中小企業にも「コーポレートガバナンス・コード（以後「CGコード」という）」を、参考にすることであると思います。このCGコードは、上場会社に導入を決めてから10年近くが経過し、大きな成果が出ています。中堅・中小企業もこの導入を行う時期に来ているものと思われます。

　中堅・中小企業であるならば、販売先・仕入先・業界団体の仲間には、必ず上場企業や大企業がおり、既に多くの上場企業は、新しい取締役会

や情報開示が浸透し、CGコードの遵守が当然のこととなっています。取引先の企業にも内部統制を求めるようになっています。CGコードの第2原則である「ステークホルダーとの適切な協働」においては、ステークホルダーである取引先中堅・中小企業との協働関係において、CGコードの運用が、かなり強くなっています。

すなわち、上記の【基本原則2】は「ステークホルダーとの適切な協働に努めること」また、「取締役会・経営陣は、これらステークホルダーの……を尊重する企業文化・風土の醸成に向けてリーダーシップを発揮すべきである。」と示唆しています。具体的には、この上場会社はステークホルダーとの取引の内容・契約書ばかりではなく、取引の実態も開示され、支障のない状況にしておかなければならないということです。

たとえば、「売掛金調査」のケースも厳格になってきました。上場会社には必ず「会計監査人」として監査法人がいますが、その「会計監査人」から「売掛金調査」などを受けた場合、対応が悪い中小企業に対しては、上場企業の内部では、いわゆる「ブラック・グレー企業」として名指しで管理されてしまいます。上場会社から商品を購入したにもかかわらず、その商品が仕入れや買掛金として管理されていない場合は、上場企業の担当者にとっては、社内で非難されることもあります。このように、上場企業との取引内容は、公正で透明性のあるものにしておかなければならないということです。

今後、この【基本原則2】が、ワンマン経営の中堅・中小企業に適用された場合は、この原則の「適切な協働」に抵触するかもしれません。中小企業の経営者が、社内独自の昔からのやり方に固執して、契約書などの差入れを拒んだり、決済期日を守らないような場合、また、両者の担当者間の約束を経営者が反故にしたり、経営者が大風呂敷を何回も広げるようなときは、その上場会社として、ステークホルダーとの適切な協働ができないということで、取引が縮小されたり、取り止めになることもあります。

自社の顧客・取引先・債権者なども、デジタルデータ化が進んで、曖昧な「まあまあ取引」などは許されなくなると思います。そして、経営者の意思決定のプロセスも明確にし、記録化されていなければなりません。このことは、【基本原則4】の取締役会の制約にも抵触します。

すなわち、「上場会社の取締役会は、……⑴ 企業戦略等の大きな方向性を示すこと ⑵ 経営陣幹部による適切なリスクテイクを支える環境整備を行うこと ⑶ 独立した客観的な立場から、経営陣（執行役及びいわゆる執行役員を含む）・取締役に対する実効性の高い監督を行うこと」と述べられています。

ワンマン経営者は、おそらく、企業戦略やリスクテイクについて、取締役会では、ほとんど他の取締役や経営幹部に報告し承認を得ていないかもしれません。また、実効性の高い監督についても徹底していないと想像されます。

一般的には、上場会社の代表取締役・CEOとしては、最近の国内外の経営環境の見方や自社の経営理念やビジョンの報告やその確認をします。また、デジタルデータ化の流れ、社内の組織改編や大きな人事異動またステークホルダーの動向、さらには、今までの戦略に対する実績の検討事項など、自分の見解も含めて話をし、時には、今後の企業戦略等を諮り、協議を行って決裁することを徹底していると思われます。また、各取締役からは自分の管掌する業務の報告や環境、リスクなどを述べてもらい、対策を協議すると思われます。それらの報告・決議事項に対しては、モニタリング・監督などの結果を、次回の取締役会で実施することを確認すると思います。これらの内容は、取締役会議事録にまとめて、情報開示を徹底します。

家長的経営者としては、長年続けてきた経営手法が、意識しないうちに、「コーポレートガバナンス・コード」に抵触することがあります。

3）認定支援機関やコンサルタントの取締役会運営へのアドバイス

とは言いながら、このような取締役会を運営することは、高齢なワンマン経営者には、なかなか難しいかもしれません。そこで、認定支援機関やコンサルタントは、経営者に対して取締役会へのアドバイスが必要になりますので、ここでは、取締役会の円滑な手順について、その一例をお示しします。

取締役会においては、代表取締役自身が議長になって、極力自分の発言を抑え、会社法で示されているような内容で、取締役会を進めることをお勧めします。まずは、取締役にはその分掌に従い、毎回決まった項目について、目標比、前期比、他社比などの増減値を含めた数値報告を求めます。その比較の中に大きな差異が生じた場合は、発表者にコメントを求めることにしてはいかがでしょうか。

次に決裁事項について、提案理由を担当取締役（執行役員）から簡単に説明を受け、短時間の協議後に決裁をします。協議が紛糾する場合は、次回の報告事項を明確にして、決裁の期限を述べることにするか、または、時限性のある内容については協議の状況を見て決裁をし、今後のその決裁事項に対して、モニタリング・監督内容の報告を求めることが適切であると思います。

その後については、各取締役（毎回1人、多くて2人を選定する）から、各分掌のトピックや時事問題などに関する私見を発表してもらい、皆で質疑することを勧めたいと思います。この取締役の質疑については、会社法の内容ではありませんが、変化の激しいデジタル化やSDGs問題、また同業者や地域経済の変化、感染症やサプライチェーンの予測など、取締役間で考え方を確認することも重要です。

（取締役会の権限等）

会社法第362条

1　取締役会は、すべての取締役で組織する。

2　取締役会は、次に掲げる職務を行う。

一　取締役会設置会社の業務執行の決定

二　取締役の職務の執行の監督

三　代表取締役の選定及び解職

3　取締役会は、取締役の中から代表取締役を選定しなければならない。

4　取締役会は、次に掲げる事項その他の重要な業務執行の決定を取締役に委任することができない。

一　重要な財産の処分及び譲受け

二　多額の借財

三　支配人その他の重要な使用人の選任及び解任

四　支店その他の重要な組織の設置、変更及び廃止

五　第676条第一号に掲げる事項その他の社債を引き受ける者の募集に関する重要な事項として法務省令で定める事項

六　取締役の職務の執行が法令及び定款に適合することを確保するための体制その他株式会社の業務並びに当該株式会社及びその子会社から成る企業集団の業務の適正を確保するために必要なものとして法務省令で定める体制の整備

七　第426条第1項の規定による定款の定めに基づく第423条第1項の責任の免除

5　大会社である取締役会設置会社においては、取締役会は、前項第六号に掲げる事項を決定しなければならない。

　なお、取締役会に提出する議題に関する資料は、極力、デジタルデータ化を図り、要約文書を箇条書にて1ページにまとめることがよいと思います。一般に、ワンマン経営者は、協議や質疑に対し、他人の発言を

遮って自分から意見を述べる傾向にあります。各取締役は発言する場合
は、内容をまとめておくことをお勧めします。話の途中で質疑が始まっ
たとしても、この箇条書きにまとめたペーパーがあれば、話を戻して、
予定時間を守ることができます。

　一方、中堅・中小企業のワンマン経営者の中には、取締役会など時間
の無駄として、開催を嫌うケースがあります。このハードルを乗り越え
るには、認定支援機関やコンサルタントから、「経営者としては、デジタ
ルデータやSDGsまたグローバルな最新情報を部下などから入手して、
合議した後に、意思決定するようになっています」と言い、「その最新情
報は、合議する取締役会でも取っているようです」などと伝えた後に、
じっくり話し合うことも良い手順かもしれません。

　多くの情報を収集し、合議によって結論を出し、その内容を記録化し、
情報開示をすることが一般的ですが、さらには、情報開示先から、意見
を求めることも新しい流れになっています。情報開示は、金融機関や行
政機関、大手の仕入先・販売先、また、労働組合や時にはマスコミなど
に行いますが、情報提供に対する意見をそれぞれの機関から収集するこ
とも、役に立ちます。このようなプロセスを重ねることで、社内外の情
報収集や伝達、意思決定プロセスの高度化が図れ、経営者のスキルアッ
プにつながり、さらには、後継者の養成にもなります。

　実は、経営幹部を長年勤めていると、取締役会も恒常化し、マンネリ
傾向になるものです。まして、取締役や監査役の顔触れが変わらない場
合は、そのマンネリ化が強まり、新しい意見が出なくなります。上記の
ような、デジタルデータを活用して簡単な資料を使いながら、新しい議
題が出てくる仕組みを作り、整斉と協議を行い、決裁が行われれば、取
締役会も活性化します。このような取締役会が常に開催されていれば、
長期政権の経営者でも、その後継者候補は育ってくるものと思われます。

　認定支援機関やコンサルタントは、取締役会運営の手順などは書類化

できますが、その取締役会が活性化する具体的な協議のやりとりまでの指導はできません。ついては、取締役会にオブザーバーとして参加し、終了後に経営者に種々のアドバイスを行うことも一策と思います。

　中小企業にとっては、コーポレートガバナンス・コードにおいて、取締役会については、必ず習得し、整斉とした手順で進めることをお勧めします。

第8章

認定支援機関の
メリットとミッション

　中小企業は、役職員が少ないとは言いながら、経営者が真に相談できる人材がおらず、また取締役会の機能が充実していないために、孤独感を感じる経営者はかなりいます。

　かつては、メイン銀行の支店長などが、その相談役になっていましたが、近年は、メイン銀行も少なくなりました。また、借入れのある銀行への相談は、双方代理（利益相反行為）や情報管理また独占禁止法・非弁行為への抵触が生じる可能性があって、なかなかできない状況にあります。地域の賢人と言われる弁護士、税理士、公認会計士、中小企業診断士などの士族であろうとも、経営者の経営相談については、知識やスキル、コンサル経験がない場合は、経営者への助言・相談はなかなか受けられないものです。

　しかも、経営者自身も、自社の経営相談を、誰に、どのようにするべきか、わからないものです。ここでは、認定支援機関の中小企業等へのコンサル内容について、述べていくことにします。

1）コンサル内容

　自社の経営コンサルを受けるにあたり、参考になるホームページが金融庁のHPにあります。それは、「法令・指針等」⇒「中小・地域金融機関向けの総合的な監督指針令和4年8月」⇒「銀行監督上の評価項目」⇒「Ⅱ-5-2-1　顧客企業に対するコンサルティング機能の発揮」と検索することができます。そこには、以下の「顧客企業に対するライフステージ等に応じて提案するソリューション（例）」を見ることができます。

　この内容は、顧問企業などに対して、その企業のライフステージ等に応じて最適なソリューションを提案する目途が示されています。金融機

関としては、この企業に、他の金融機関、外部専門家、外部機関等と連携したり、国や地方公共団体の中小企業支援施策を活用することを想定しています。この「顧客企業に対するライフステージ等に応じて提案するソリューション（例）」は、金融機関が、認定支援機関との連携を図ることも想定しています。

ついては、認定支援機関としても、顧問中小企業の経営者から、経営に関し助言・相談を受けた場合は、この「顧客企業に対するライフステージ等に応じて提案するソリューション（例）」の内容に沿って、経営者と対話を行うことをお勧めします。各金融機関は、金融庁の「中小・地域金融機関向けの総合的な監督指針」の「銀行監督上の評価項目」として、既に、融資の現場で活用しているものであり、認定支援機関としても、有効活用ができるものです。

2)「顧客企業に対するライフステージ等に応じて提案するソリューション（例）」の利活用

たとえば、この「ソリューション（例）」の「成長段階における更なる飛躍が見込まれる顧客企業」に対しては、「ビジネスマッチングや技術開発支援により、新たな販路の獲得等を支援」を検討しますし、「事業拡大のための資金需要に対応」することができるということです。「産学官連携による技術開発支援」を検討することも可能です。もちろん事業再構築補助金の採択を求めることの支援もできるということです。

177

(参考)顧客企業のライフステージ等に応じて提案するソリューション(例)

顧客企業の ライフステージ 等の類型	金融機関が提案する ソリューション	外部専門家・外部機関等との 連携
創業・ 新事業開拓 を目指す 顧客企業	• 技術力・販売力や経営者の資質等を踏まえて新事業の価値を見極める。 • 公的助成制度の紹介やファンドの活用を含め、事業立上げ時の資金需要に対応。	• 公的機関との連携による技術評価、製品化・商品化支援 • 地方公共団体の補助金や制度融資の紹介 • 地域経済活性化支援機構との連携 • 地域活性化ファンド、企業育成ファンドの組成・活用
成長段階における更なる飛躍が見込まれる顧客企業	• ビジネスマッチングや技術開発支援により、新たな販路の獲得等を支援。 • 海外進出など新たな事業展開に向けて情報の提供や助言を実施。 • 事業拡大のための資金需要に対応。その際、事業価値を見極める融資手法(不動産担保や個人保証に過度に依存しない融資)も活用。	• 地方公共団体、中小企業関係団体、他の金融機関、業界団体等との連携によるビジネスマッチング • 産学官連携による技術開発支援 • JETRO、JBIC等との連携による海外情報の提供・相談、現地での資金調達手法の紹介等
経営改善が必要な顧客企業 (自助努力により経営改善が見込まれる顧客企業など)	• ビジネスマッチングや技術開発支援により新たな販路の獲得等を支援。 • 貸付けの条件の変更等。 • 新規の信用供与により新たな収益機会の獲得や中長期的な経費削減等が見込まれ、それが債務者の業況や財務等の改善につながることで債務償還能力の向上に資すると判断される場合には、新規の信用を供与。その際、事業価値を見極める融資手法(不動産担保や個人保証に過度に依存しない融資)も活用。	• 中小企業診断士、税理士、経営指導員等からの助言・提案の活用(第三者の知見の活用) • 他の金融機関、信用保証協会等と連携した返済計画の見直し • 地方公共団体、中小企業関係団体、他の金融機関、業界団体等との連携によるビジネスマッチング • 産学官連携による技術開発支援

	• 上記の方策を含む経営再建計画の策定を支援（顧客企業の理解を得つつ、顧客企業の実態を踏まえて経営再建計画を策定するために必要な資料を金融機関が作成することを含む）。定量的な経営再建計画の策定が困難な場合には、簡素・定性的であっても実効性のある課題解決の方向性を提案。	
事業再生や業種転換が必要な顧客企業（抜本的な事業再生や業種転換により経営の改善が見込まれる顧客企業など）	• 貸付けの条件の変更等を行うほか、金融機関の取引地位や取引状況等に応じ、DES・DDSやDIPファイナンスの活用、債権放棄も検討。 • 上記の方策を含む経営再建計画の策定を支援。	• 地域経済活性化支援機構、東日本大震災事業者再生支援機構、中小企業再生支援協議会等との連携による事業再生方策の策定 • 事業再生ファンドの組成・活用
事業の持続可能性が見込まれない顧客企業（事業の存続がいたずらに長引くことで、却って、経営者の生活再建や当該顧客企業の取引先の事業等に悪影響が見込まれる先など）	• 貸付けの条件の変更等の申込みに対しては、機械的にこれに応ずるのではなく、事業継続に向けた経営者の意欲、経営者の生活再建、当該顧客企業の取引先等への影響、金融機関の取引地位や取引状況、財務の健全性確保の観点等を総合的に勘案し、慎重かつ十分な検討を行う。 • その上で、債務整理等を前提とした顧客企業の再起に向けた適切な助言や顧客企業が自主廃業を選択する場合の取引先対応等を含めた円滑な処理等への協力を含め、顧客企業自身や関係者	• 慎重かつ十分な検討と顧客企業の納得性を高めるための十分な説明を行った上で、税理士、弁護士、サービサー等との連携により顧客企業の債務整理を前提とした再起に向けた方策を検討

	にとって真に望ましいソリューションを適切に実施。 • その際、顧客企業の納得性を高めるための十分な説明に努める。	
事業承継が必要な顧客企業	• 後継者の有無や事業継続に関する経営者の意向等を踏まえつつ、M&Aのマッチング支援、相続対策支援等を実施。 • MBOやEBO等を実施する際の株式買取資金などの事業承継時の資金需要に対応。	• M&A支援会社等の活用 • 税理士等を活用した自社株評価・相続税試算 • 信託業者、行政書士、弁護士を活用した遺言信託の設定

(注1)この図表の例示に当てはまらない対応が必要となる場合もある。例えば、金融機関が適切な融資等を実行するために必要な信頼関係の構築が困難な顧客企業（金融機関からの真摯な働きかけにもかかわらず財務内容の正確な開示に向けた誠実な対応が見られない顧客企業、反社会的勢力との関係が疑われる顧客企業など）の場合は、金融機関の財務の健全性や業務の適切な運営の確保の観点を念頭に置きつつ、債権保全の必要性を検討するとともに、必要に応じて、税理士や弁護士等と連携しながら、適切かつ速やかな対応を実施することも考えられる。

(注2)上記の図表のうち「事業再生や業種転換が必要な顧客企業」に対してコンサルティングを行う場合には、中小企業の再生支援のために、以下のような税制特例措置が講じられたことにより、提供できるソリューションの幅が広がっていることに留意する必要がある。

・企業再生税制による再生の円滑化を図るための特例（事業再生ファンドを通じた債権放棄への企業再生税制の適用）

・合理的な再生計画に基づく、保証人となっている経営者による私財提供に係る譲渡所得の非課税措置

② 認定支援機関のメリット

　経済産業省や中小企業庁のHPから検索できるミラサポ plus から、以下のサイトを見ることができます。認定支援機関のメリットを大いに活用するべきです。

認定支援機関のメリット

認定支援機関（商工会、商工会議所、金融機関、税理士、公認会計士、弁護士、中小企業診断士等）に相談することにより、経営の現状を正しく理解し、さまざまな経営課題の解決につながる支援を受けることができます。

メリット1

信用保証協会の保証料が減額されます。

認定支援機関の支援を受け、事業計画の実行と進捗の報告を行うことを条件に、信用保証協会の保証料が減額（マイナス0.2%）されます。

メリット2

さまざまな補助金が申請できるようになります。

「創業促進補助金」「中小企業・小規模事業者ものづくり・商業・サービス革新事業」などの補助金については、認定支援機関が事業計画の実効性を確認することで、申請が可能となります。

メリット3

事業計画の策定支援で、対応策が明確になります。

認定支援機関とともに、事業計画を策定することで、経営の現状を把握することができ、課題を発見することができます。また、目標と目標達成までのプロセスが明確になり、「売上増」「コスト削減」「経営体質の強化」などの経営改善につなげることができます。

> **経営改善計画策定支援**
>
> 認定支援機関の支援を受けて事業計画（経営改善計画）を策定する場合、専門家への支払費用の3分の2（上限200万円）を負担します。
>
> 〉経営改善計画の詳細 ⇨

メリット4

海外展開のための資金調達がしやすくなります。

認定支援機関の支援を受けた事業計画に基づいて事業を行う場合、海外展開のための資金調達がしやすくなります。

> **現地子会社の資金調達支援** (L/C発行、保険付保)
>
> 日本政策金融公庫や日本貿易保険を利用し、現地通貨建ての資金調達が可能になります。

> **海外展開のための国内における資金調達支援**
>
> 海外展開を図る際に、中小企業信用保険の限度額を増額し、日本企業が外国法人を設立した場合の出資・貸付に必要な資金調達を支援します。

認定支援機関の検索

　ミラサポplusの上記に掲載したページの下段には、以下の「認定経営革新等支援機関検索」が出ています。クリックしますと、地図が出てきますので、さらにクリックで進みますと、日本の認定機関メンバー全員の得意分野などの個人情報が出てきます。自社に最もふさわしい認定支援機関にコンサルを依頼することができます。

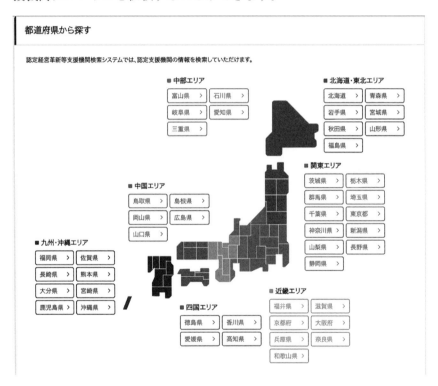

都道府県から探す

認定経営革新等支援機関検索システムでは、認定支援機関の情報を検索していただけます。

■ 中部エリア
富山県 >	石川県 >
岐阜県 >	愛知県 >
三重県 >	

■ 北海道・東北エリア
北海道 >	青森県 >
岩手県 >	宮城県 >
秋田県 >	山形県 >
福島県 >	

■ 中国エリア
鳥取県 >	島根県 >
岡山県 >	広島県 >
山口県 >	

■ 関東エリア
茨城県 >	栃木県 >
群馬県 >	埼玉県 >
千葉県 >	東京都 >
神奈川県 >	新潟県 >
山梨県 >	長野県 >
静岡県 >	

■ 九州・沖縄エリア
福岡県 >	佐賀県 >
長崎県 >	熊本県 >
大分県 >	宮崎県 >
鹿児島県 >	沖縄県 >

■ 四国エリア
| 徳島県 > | 香川県 > |
| 愛媛県 > | 高知県 > |

■ 近畿エリア
福井県 >	滋賀県 >
京都府 >	大阪府 >
兵庫県 >	奈良県 >
和歌山県 >	

　仮に静岡県をクリックすると、さらに、認定支援機関の適任者を探し出すことができます。検索条件は抜粋です。

検索条件

検索条件をクリア

地域

都道府県　　静岡県　〔▼〕

キーワード

キーワード　〔　　　　　　　　　　　　　　　　　　　　　　　　　　　　　　〕

認定支援機関種別

☐ 税理士(法人含む)　　☐ 公認会計士(法人含む)　　☐ 弁護士(法人含む)　　☐ 中小企業診断士

☐ 民間コンサル(法人含む)　☐ 商工会　　☐ 商工会議所　　☐ その他

認定支援機関種別(金融機関)

☐ 銀行・地銀　　☐ 信金　　☐ 信組　　☐ その他(系統金融等)

本店・支店

※金融機関の"支店"は検索できません

☐ 本店　　☐ 支店

相談可能内容

☐ 創業等支援　　☐ 事業計画作成支援　　☐ 経営改善　　☐ 事業承継　　☐ M&A

☐ 事業再生　　☐ 生産管理・品質管理　　☐ 情報化戦略　　☐ 知財戦略　　☐ 販路開拓・マーケティング

☐ マッチング　　☐ 産学官等連携　　☐ 人材育成　　☐ 人事・労務　　☐ 海外展開等

☐ BCP作成支援　　☐ 物流戦略　　☐ 金融・財務

支援可能業種

☐ 農業、林業　　☐ 漁業　　☐ 鉱業、採石業、砂利採取業

☐ 建設業　　☐ 製造業　　☐ 電気・ガス・熱供給・水道業

☐ 情報通信業　　☐ 運輸業、郵便業　　☐ 卸売業、小売業

☐ 金融業、保険業　　☐ 不動産業、物品賃貸業　　☐ 学術研究、専門・技術サービス業

☐ 医療、福祉　　☐ 複合サービス事業　　☐ サービス業(他に分類されないもの)

☐ 公務(他に分類されるものを除く)　　☐ 分類不能の産業

支援実績

☐ 事業再構築補助金　　☐ 経営改善計画策定支援事業　　☐ 早期経営改善計画策定支援事業

☐ ものづくり補助金　　☐ 事業承継・引継ぎ補助金　　☐ 商業・サービス業・農林水産業活性化税制

自己PRあり

☐ あり

〔　　　　　この条件で検索する　　　　　〕

第8章　認定支援機関のメリットとミッション

以下は、平成24年内閣府・経済産業省から公表された、認定支援機関に関する法律です。第2条第二号のイ・ロに、認定の根拠が出ていますが、これこそ、認定支援機関のミッションともいえることです。

平成24年内閣府・経済産業省令第6号

中小企業等経営強化法第31条第1項に規定する経営革新等支援業務を行う者の認定等に関する命令

（定義）
第1条　この命令において使用する用語は、中小企業等経営強化法（以下「法」という。）において使用する用語の例による。

（認定経営革新等支援機関）
第2条　主務大臣は、法第31条第1項の認定の申請をした者が次の各号に掲げる要件のいずれにも適合していると認めるときは、同項の規定による認定を行うものとする。
一　基本方針に適合すると認められること。
二　次のいずれにも適合していると認められること（法人にあっては、その人的構成に照らして、次のいずれにも適合していると認められること。）。
　イ　税務、金融及び企業の財務に関する専門的な知識を有していること又はこれと同等以上の能力を有すると認められること。
　ロ　中小企業等に対する支援に関し、経営革新等支援業務に係る1年以上の実務経験を含む3年以上の実務経験を有していること又はこれと同等以上の能力を有すると認められること。

おわりに

　昔の経営者は、社会のニーズを広範囲に把握でき、従業員がヤル気を持って働く環境を作れる人材でした。次の時代は、SWOT分析などの経営学のフレームワークを利活用できる人材に変わり、現在では、デジタルデータを駆使し、SDGsなどの環境課題を解決し、ステークホルダーを満足させ、内部統制に責任を持てる人材になっています。現在の経営者のミッションは、多く複雑になり、これらを遺漏なくこなせる人材は少ないと思います。

　どうしても、相当な知識やスキルを持った人材が、経営者のアドバイザーとなることが必要になります。認定支援機関の資格要件は、社会的に高い評価を得ている弁護士・税理士・公認会計士・中小企業診断士が中心で、少なくとも３年以上の実務経験を有することになっています。しかも、この認定支援機関は、法律による「認定」をとっており、極めて高い経営の知識とスキル、経験を持った人材で、地域や中小企業の活性化には、意欲と責任を持っています。もし、認定支援機関が現状維持の守りの人間であったならば、生活には困らない収入を確保している資格者が、あえて、新しいことへの挑戦をしないと思います。経営学や経営改善計画、デジタルデータ化や行政機関の補助金また金融機関との交渉を学び、さらには、SDGsや内部統制の知識を高めることは、負荷が大きいものです。この認定支援機関のメンバーこそ、地域の発展と地元の中小企業の成長に、自ら努めたいと思っている人材なのです。

　一方、企業数では99.7％、従業員数では約70％の比率になっている中小企業は、「生産性向上」「働き方改革」の強い要請を受けています。この要請は、日本の喫緊の課題であり、まさに、中小企業のミッションと言えるものです。しかし、中小企業経営者の多くは、「中小企業に留まりたい」「時間をかけて安定的な成長を実現したい」という意識です。抜本

的な改革を行って、自社を成長路線に乗せ、従業員や取引先・仕入先などのステークホルダーに夢を与えようという経営者はあまりいないようです。中小企業の多くは、サラリーマンならば、10年前に定年退職になっているような高齢の経営者です。社内では、デジタルデータ化や持続可能な開発を行わないままに、現状維持を、皆で続けています。経営幹部も、自分の分掌の業務を大きくすることもしないままに、意見交換も行わず、経営者に一任するような「取締役会」を続けています。外部の「ステークホルダー」の意見を聞くための、「情報開示」も「対話」も行わないで、ルーティンワークを続けている中小企業が、各地域にあまりにも多く存在しています。

　このような中小企業や経営者に寄り添って、真剣に支援しようとしてくれる人材が、認定支援機関です。現在は、この認定支援機関の4万人は、全国津々浦々で、中小企業経営者の背中を押そうとしています。現状維持を続けてきた中小企業を成長路線に乗せようとしているのです。認定支援機関は、地域のメインプレーヤーでリーダーである中小企業経営者に、高い知識やスキル・経験を投入し、伴走・支援することを、意欲と情熱で実践しようとしています。そのためのインフラは、中小企業庁のHPには既に備わっています。日本の企業や従業員の大半を占める中小企業を救うのは、まさに、認定支援機関の力であると思います。この著作が、お役に立つことを願っています。

　最後に、株式会社ビジネス教育出版社の酒井敬男会長、中野進介社長、山下日出之エディトリアル・プロデューサーにお礼を申し上げたいと思っています。この著作ができ上がるまでの工程で、皆様には、種々のアイデアや有難いアドバイスを頂きました。特に、本書に関係する既刊書との関わりについても、丁寧な整理をしていただきました。ここに、心より感謝を申し上げます。

中村　中

MEMO

〈著者プロフィール〉

中村　中（なかむら　なか）

経営コンサルタント・中小企業診断士・経営革新等支援機関
1950年生まれ。
三菱銀行(現三菱UFJ銀行)入社後、本部融資部・営業本部・支店部、岩本町・東長崎各支店長、福岡副支店長等を歴任、関連会社取締役。
2001年、㈱ファインビット設立。同社代表取締役社長。週刊「東洋経済」の選んだ「著名コンサルタント15人」の1人。中小企業金融に関する講演多数。
橋本総業ホールディングス株式会社(東証プライム)監査役、中小企業顧問、医療法人監事等。
〈主な著書〉『取締役会が機能すれば中小企業の経営力は上がる～「事業再構築補助金」が内部統制と生産性向上を促す』『事業再構築補助金とDXによる経営革新』『企業価値向上・DX推進に向けた 中小企業の生産性革命』『コロナ危機に打ち勝つ 中小企業の新しい資金調達』『地域が活性化する 地方創生SDGs戦略と銀行のビジネスモデル』『新 銀行交渉術－資金ニーズの見つけ方と対話』『事業性評価・ローカルベンチマーク 活用事例集』〈共著〉『事業性評価融資－最強の貸出増強策』『ローカルベンチマーク～地域金融機関に求められる連携と対話』『金融機関・会計事務所のためのSWOT分析徹底活用法～事業性評価・経営改善計画への第一歩』〈共著〉(以上、ビジネス教育出版社)

税理士、公認会計士、中小企業診断士、弁護士、
金融機関など認定支援機関の役割とスキルとは
～中小企業の改善・再生・成長支援を担う
認定支援機関が日本を救う！

2023年 3月1日　初版第1刷発行

著　者　　中村　中

発行者　　中野　進介

発行所　株式会社 ビジネス教育出版社

〒102-0074　東京都千代田区九段南4-7-13
TEL 03(3221)5361(代表)／FAX 03(3222)7878
E-mail▶info@bks.co.jp URL▶https://www.bks.co.jp

印刷・製本／シナノ印刷㈱　装丁・本文デザイン・DTP／タナカデザイン
落丁・乱丁はお取り替えします。

ISBN978-4-8283-0985-9　C2034